江戸の色道

古川柳から覗く男色の世界

渡辺信一郎

新潮選書

まえがき

江戸時代の色道は、「色道ふたつに寝ても覚めても夢介と替名よばれて」(『好色一代男』井原西鶴)とあるように、「色道二つ」と認識されていた。女色は人類開闢以来、子孫繁栄のための必然の行為として、昼夜にわたって行われているが、男色の歴史もまた古色蒼然たるものがある。これらは「褻《け》」の世界に属するものであって、人類全員が実践しているものではあるが、公にはされ難い。中古の頃から、我が国でも僧侶の世界では、密やかではあるが、暗に公然の秘密として男色が連綿と行われている。この僧侶の世界では、男色は「大悦《たいえつ》」と称され、女色は「天悦《てんえつ》」と隠語化されている。『江戸の珍物』(『江戸秘語事典』所収)に、「女色を天悦、男色を大悦という。天悦は二人悦、大悦は一人悦の意なり。僧侶の隠語」とある。男色は、する側では悦楽が伴うが、される側は苦痛に耐えなければならない。そこでこの行為は二人で行うものであるが、一人だけが悦楽を享受するので「一人悦」とし、「一人」を合体させて「大」の字を当て嵌めたのである。それと同様に、女色は双方ともに悦楽を共有するので「二人悦」とし、「二人」を合体させて「天」を作字したのである。

江戸の性愛文化は、この「大悦」と「天悦」の二道によって支えられて来た。ある行為が行われれば、それにまつわる実践法があり、容易で、より効率的な仕方が工夫されるものである。この工夫が引き継がれる所に文化が生まれる。小生は、江戸の古川柳を研究して三十有余年になるが、古川柳にも「大悦」と「天悦」の二道が克明に詠まれている。長年の蓄積によって、川柳の集句とともに、文献資料もほぼ整っていたが、このテーマを一挙に披瀝したいと思う。

本書では「大悦」（男色）に関する性愛文化の絢爛たる諸相を描いているので、読者の肝を冷やすことになる筈である。単なる興味本位に読んで頂いても結構であるが、小生は当時の実態と庶民たちの有り様を、鋭く剔抉《てっけつ》しているのであり、その態度は興味本位ではない。

世界に冠たる我が国の性愛文化は、江戸期において完成されており、その凄絶さは言語に絶するほどである。小生の言葉では表現でき難いところは、短詩にして寸鉄人心を衝く古川柳がその壮絶さを物語ってくれている。

人間の性愛に執着する凄まじさは、夜の世界のものばかりではない。当時の人々は、数限りない実践と観察とによって、この華麗な性愛文化を築いて来た。そこには、快楽に耽溺したいという熱望と、絶快を与えるために奉仕したいという男女もしくは男同士の業《ごう》が、青白く仄かに燃え続けている。その点、「大悦」における物凄さは、まさに驚愕に値するであろう。ここに描かれた世界は、単なる男女秘儀図が添えられた艶本の世界とは、位相を異にする。本書には、艶本も部分的に引用したが、ほとんどが色道奥義書である。色道奥義書または色道指南書については、拙著『江戸の艶道を愉しむ』（葬露庵主人名義・三樹書房）にも紹介してあるので、本書とともどもご愛読頂きたい。

江戸の色道——古川柳から覗く男色の世界

目次

一、若衆仕立て用のこと

男娼として身を立てるためには、年少の頃からの習練が必要であった。親方に預けられた少年たちは、一流の男娼になるために、様々な指南を受ける。背があまり伸びないこと、筋骨隆々とした体軀にならないこと、肛門に男根を受けても傷付かぬことなどがあり、食物や立居振舞や寝方にまで、指導が行き渡った。『野郎絹《やろうきぬ》ふるい』（宝永七—一七一〇。『諸遊芥子鹿子《しょゆうけしかのこ》』の一節）に、

新部子《しんべこ》の時には、鼻を撮《つま》み上げられて、ずいぶん中高《なかだか》に顔を仕立てらるる事、寝伸びを嗜《たしな》みて、ひたすら背の伸びぬやうに、親方、神々への立願《りゅうがん》、口中を磨《みが》き、脇《わき》の下を洗ふ事、其《その》外《ほか》の身だしなみは、傾城《けいせい》に変わらず。扨《さて》、初めて玉茎《たまぐき》を通す事、十三の本前《ほんまえ》がお定《さだ》まりなり。それから内にも、したつる事あれど、最初に懲《こ》り果《は》てては、末《すえ》までわけたつるに、いぢけて悪し。一つは尻崩《いしき》れては、長く親方の損也。大方、お井戸《いど》の出入り努め覚えて後は、兄弟子の古小袖を我が物として、金剛《こんごう》ひとり召し連れ、上下《じょうげ》と言ふて、津々《つつ》浦々《うらうら》、在々《ざいざい》を廻りて、客を勤《つと》むる事、扨《さて》もせわしなく、一夜に二度三度と、同じ人に望まれて、心の辛さ、憂《う》い事、申すもおろかなり。

とあり、客商売に到るまでの苦労や、地方廻りをして接客に当たる辛さが述べられている。読み易いように随所に漢字を充てたが、「新部子」は歌舞伎役者になる以前の少年である。

十歳くらいの時から、鼻が高くなるように始終撮まれて、鼻高の顔になるように仕向けられる。寝ながら伸びをすると、背が伸びるので、これも禁じられる。よい男娼になるようにと、様々な稽古をさせながらも、親方は神仏に祈願までする。口の中を綺麗に清潔にし、腋臭などの防止のために、脇の下を常に洗い清め、身だしなみの注意など、「傾城」（遊女）になるための鍛練と殆ど変わらない。

そして、肛交の訓練は十二歳くらいから始める。なにしろ、排泄口に物が挿入され、しかも抜き差しを激しくするのであるから、その括約筋を損なわぬようにしなければならない。下向きに開くようになっている括約筋を、外側から内側へ突破するのである。慣れるまでは苦痛が伴うと言われる。その疼痛《とうつう》に懲りてしまうと、男娼としては見込みが無くなるし、また練習中に肛門に傷が付いたりすれば、そこまで手塩に掛けたかいが無く、親方の欠損ということになる。「お井戸」は、女言葉の「尻」「肛門」であり、肛交のことを言う場合もある。「大方、お井戸の出入り努め覚えて後」とは、ほぼ肛門に太い男根を受け入れることに習熟した後は、ということで、地方に出稼ぎに行かせられる。

「金剛」というのは、藁または藺《い》で作った丈夫な草履のことである。いつも金剛草履を履いて役者などに付き従う下僕を「金剛」とも言う。習練を経た少年は、兄弟子から貰った古小袖を着て、供の男を一人従えて、地方廻りをすることになる。

さて、肛門への物の抜き差しの具体的な練習であるが、「棒薬《ぼうやく》」を使う方法がある。少し時代が前後するが、『色道禁秘抄《しきどうきんぴしょう》』（天保五―一八三四）の第三十四回、女の老年でも、ぬるみさえ施せば交合が可能であると説いた一節に、

因《よ》って、津液《つば》さえ施《ほどこ》せば、晩年迄交接に及《およべ》る事、龍陽《わかしゅ》の肛門を棒薬にて、開置《あけおく》と同理《どうり》なり。

とある。「龍陽《りゅうよう》」に「若衆《わかしゅ》」と仮名振りがあるが、「龍陽」とは男色のことを言う語である。江戸時代の末期でさえも、若衆に仕立てるには「棒薬」という処理があることが、知れ渡っていたのである。この「棒薬」について、もっと具体的に述べているのは、『女《おんな》大楽宝開《たいらくたからがい》』（安永頃―一七七二頃）である。

新部子は、仕立てる日より、毎晩、棒薬を差してやるがよし。此《この》棒薬と云《いう》は、木の端を二寸五分程に切り、綿にて巻き、太味《ふとあじ》を大抵の陰茎の程にして、たんぽんを胡麻油にて溶き、其棒に塗り、寝しなに腰湯さして差し込み、寝させば、患《わずら》うこと無し。

棒薬の芯となる棒は、長さが約八センチの木で、そ

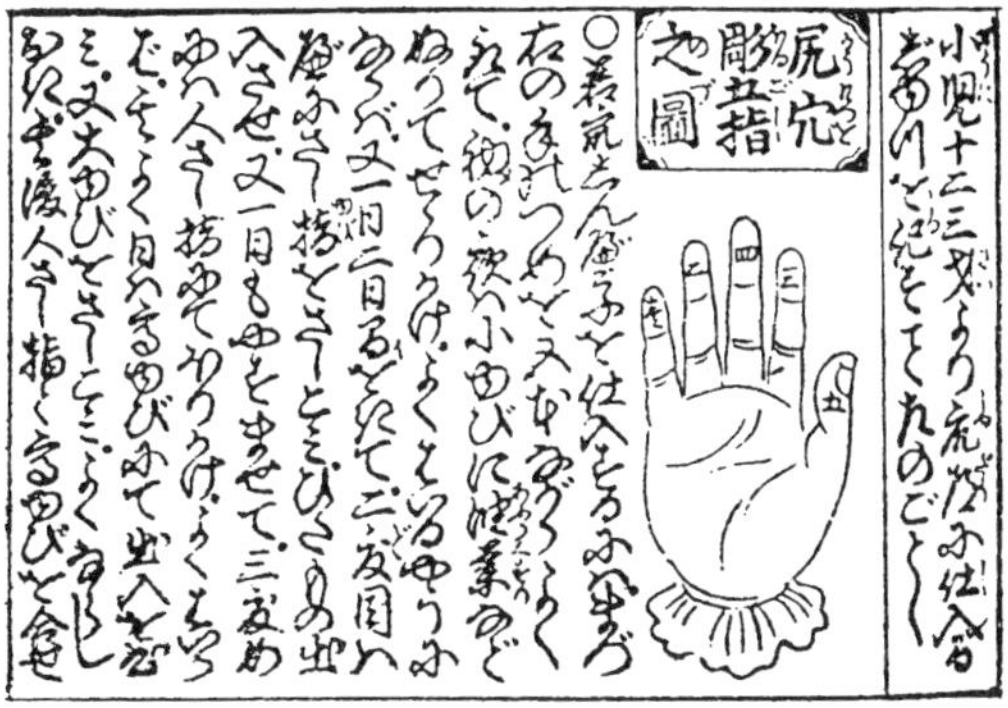

若衆仕立て用
『艶道日夜女宝記』（明和頃―1770頃）
「尻穴彫五指之図」とあり、詳細な説明がある。

れに綿を巻き付けて、勃起した時の男茎ほどの太さにする。それに「胆礬《たんばん》」を胡麻油で溶いて、その巻き付けた綿に塗って、差し込む。「胆礬」は、青色の硫酸銅の鉱物で、銅の原料になる。鉱山などの水中から採取されるものである。江戸中期、驚いて顔色が青くなることを「五躰わななく胆礬色」などと文献に見られるので、それが「胆礬色」と成語化されていたことと、この「胆礬」そのものが知られていた。新部子に腰湯をさせてから、これを嵌入するということは、湯で括約筋が弛緩して容易に入れやすいからである。

　これほどの練習をすることは、陰間であれば、唯一の金銭の収入源である肛門を、いかに損なわずに使用に耐えるかが必須であるからである。この少年時代からの訓練は、種々の文献に見られ、指を使って行われる例もある。『艶道日夜女宝記《びどうにちやじよほうき》』には、図とともに次のようにある。

> 小児《しように》十二三才より衆道《しゆどう》に仕入《しいれ》るじゅつを記すこと、左のごとし。〔尻穴彫五指之図〕。○若衆しんべこを仕入するには、まづ右の手の爪を五本ながらよく取て、初めの夜は、小指に脂《あぶら》薬《ぐすり》などぬりて、せせりかけ、よくはいるやうにならば、又一日二日間ィをきて、二度目はべに差し指をさしこみ、ひたもの出入させ、又一日もやすませて、三度めには、人差し指にてほりかけ、よくはいらば、其翌日は高指にて出入を試み、又大指を差し込み、よくならしおき、其後、人差し指と高指を合せ、二本一つにして差し込み、よく抜き差しをためして、其次に茎《へのこ》を入かけ、よくよく巧者《こうしや》をつくし、段々によく入る也。又尻によりて早い遅い有也。
> 〔衆道仕入の図〕

十二三歳の少年の時からの仕立てようである。親方（または、練習を施す人）は、傷付けぬように、右手の爪を短く切る。そして、いちばん最初は、親方は小指に脂薬を付けて、少年の肛門に挿入する。「せせる」は、弄するという事から「穴を穿つ」という意である。

　スムースに出入りするようになったら、二日ほど間を置いて、薬指を差し込む。「ひたもの」は熱心に専業するという事である。その抜き差しがうまく行ったら、一日間を置いて、人差し指を入れて練習し、よく入るようになったらば、その翌日から中指を使う。次いで親指を使う。それによく慣れたら、人差し指と中指の二本で抜き差しをして、それに習熟した所で、本物の男根を嵌入する。それも一時に奥まで入れるのでは無く、よく技法を尽くして無理の無いように段階を置いて行っていれば、よく入るようになる。それも少年の個人差があり、早く慣れる場合もあれば、なかなか習熟しない場合もある。これは、用意周到な鍛練である。

若衆仕立て用の実際『艶道日夜女宝記』
「衆道仕入の図」とある。

このように、棒薬の使用、指の使用などによる「仕立て用」があったが、また実際の男根を使って慣れさせる法もある。『女大楽宝開』には、

十二の暮より仕立てんと思はば、始め横に寝さし、いちぶのりを口中にてよく溶き、かの所へ塗り、少し雁《かり》だけ入れて、其夜は仕まふなり。又二日目にも雁まで入れ、三日目には半分も入れ、四日めより今五日ほど、毎日三四度ほんまに入れる也。但し、此間に、仕立る人、気をやるはわろし。右の如くすれば、後門うるほひてよし。

とある。いずれにしても、潤滑油は必要である。これなしには粘膜や皮膚がひきつって、挿入は困難である。本物の男根で練習するにしても、一気に入れたのでは肛門が傷付く恐れがあるし、受け手の疼痛も大きいと思われる。最初は男根の先端だけを入れ、二日目には亀頭部まで入れる。ここがいちばん太みがあり、肛門の縁周りの広がりの練習となる。三日目・四日目は男根の半分までいれる。これは奥行きの稽古である。肛門の縁周りの広がりの痛みと、奥に挿入された時の疼痛とがあると言われるが、それをここで緩和するための練習となる。五日目ぐらいから、日に三四回も最奥まで嵌入する。注意事項として、仕立てしている人は、男根を挿入しても、快感を覚えて射精してはいけないとある。

さらに、どうして十二三歳ころが、肛交の練習初めに最適かという問題である。前掲書は、続けて次のように述べる。

十三四より上は、患らふても口ばかりにて、深き事なし。これは若衆も色の道覚ゆる故、我が前ができると、後門《こうもん》を締める故《ゆえ》、客の方には快く、又客荒く腰を遣へば、後門の縁《ふち》を擦《す》

らし、上下のと渡《わた》りの筋《すじ》を切るもの也。是《これ》には、すっぽんの頭を黒焼《くろやき》にして、髪の油にて溶き、付けてよし。

思わず感嘆するほどの、凄い記述である。男が十三四歳を越える頃には、精液が溜まるようになり、色気が自ずと備わって来る。「我が前ができると」とは、自分が射精出来るまでに成長するという意味である。そのために、こうすれば客も喜ぶという知恵が出て、肛交に際して、肛門で客の玉茎を締め付けたりする才覚が生じる。客は快美感を覚え、腰を盛んに動かすので、その激しさに肛門に傷が付く。「と渡り」とは会陰《えいん》のことで、肛門と陰嚢を結ぶ筋である。女の場合でも、あまり激しく行為すると会陰裂傷ということが起こる。従って、冒頭にあるように、「十三四より上は、患らふても口ばかりにて、深き事なし」と言うのは、肛門が傷付いても、入口辺りで深手を負うことはないという洞察であり、それ以前の年齢の少年は、傷付いたら大事に至るので、慎重に訓練する必要があるのである。この体験や観察や推察こそは、まさに江戸の性愛文化の蓄積の一端なのである。

二、通和散《つうわさん》のこと

肛交に際して、潤滑油が無ければスムースな挿入は行い難い。そこで、事前の用意が無い時には、唾液を用いるのが普通である。女色の場合でも、潤いが少ない時には、唾液の効用が大きい。この唾液に代わって、それと同等以上の働きをする潤滑薬が「通和散」である。
『守貞漫稿《もりさだまんこう》』巻之二十（嘉永六―一八五三）に、

京師宮川町某の家にて、通和散、一名「ねりぎ」と云白き末薬を製し、三都に之を売る。男色必ず之を用ふ。先口中に入れ、津《つば》を以てこれを解溶し、男根に塗れば、即ち滑かになる也。三都、男色之を用ふ。又、新妓始て水揚の時、之を用ふ。蓋し長年には之を用いず。十二三歳の者に之を用いることある也。然ども妓は少年と雖ども、必ず用いるに非ず。男色は必ず之を用ふ。

とある。京都の宮川町は遊女町であるが、そこに陰間茶屋も散在していた。この記述では、男色には、「必ず之を用ふ」と強調している。江戸末期において、この「通和散」が広く知れ渡っていたことが分かる。女色の場合でも、未通女《ていらず》（きむすめ）や遊女の水揚《みずあ》げの際には、これを使用することがあると述べ、娼妓の場合は年少でも用いないこともあると言う。これは、女性器の機能のことであり、気が高ぶればバルトリン氏腺やスキーン氏腺からの愛液の浸出があることによる。肛門の場合は、その機能は皆無であり、また元来外側に開閉すべき括約筋を、内側へ向かって押し開くのであるから、粘稠《ねんちゅう》な物の手助けが必須なのである。

女に使用した例は、『正写相生源氏《しょううつしあいおいげんじ》』（嘉永四頃―一八五一頃）に、描かれている。巨根と知られた弓削道鏡《ゆげのどうきょう》の後裔と称する主人公が、十四歳の処女の「新鉢《あらばち》を割る」（処女との初交という江戸語）という場面である。煩雑さを省略する意味で、人物の名を省き、男、女とする。

男「しっかり握って、上へやったり下へやったりしてみなヨ」女「おかしなもんだね」男「ナニ、可笑しいものか」とここに暫く気を移させ、そろそろ撫でて玉門へ、中指を一本はめてみるに、吐淫《といん》といふは更になけれど、ずるずるはいれば、まずしめたりと、予《かね》て準備通和散、唾《つば》にてとき、こてこてと陰茎の亀頭より雁首の下の方までよく塗り付け、さて、また女が玉門のまはりへ、べたべたと塗りまわせば、女「何だエ、誠に気味が悪いねへ。私は浄水《ちょうず》に往て参ろう」男「ナニ、気味の悪いことはねへ。浄水はあとにしねへ。サァ、これからこうするのだ」と、ぐっと割り込み（中略。大逸物が入らないという描写が続き）されど、宝の山にいり、手をむなしくはと、通和散をまたこてこてと塗りまはし、股の下から手をさしこみ、両方の肩をしっかりとおさへ、乗り掛かってちょこちょこ小刻みに腰を遣へば、薬の奇特にずるずると、亀頭ばかりはいった容子……

この通和散は、閨房薬で著名な「四ツ目屋」の宣伝文句に「狭開用」とも書かれている。女との初交にも使われることが、現実にあったことがわかる。

この「通和散」というのは、黄蜀葵《とろろあおい》の根から抽出したものである。黄蜀葵は葵科の一年草で、高さは二メートルほどの直立した茎があり、秋季に淡黄色の大型の五弁の花が咲く。この草の和名は「とろろ」と言われ、その根が白色の粘液質から成っていることによる。古来、薬草として利用されているが、特にこの黄蜀葵の重要な役目は、和紙を作る際の糊料に使われることである。和紙を漉《す》く時には、陰干しにした黄蜀葵の根を叩き砕いて木綿袋に入れ、これを楮《こうぞ》などの和紙の原料繊維の漉舟《すきふね》に浸して、その粘液と和す。この「ねり」の効能によって、和紙の繊維の配列が均等になり、紙質の強度と光沢が増すと言われる。

この黄蜀葵の根を陰干しにしたものを細粉末とし、それを「ねりぎ」とも称した。干した根をそのままでも用いたらしいが、床入りの際に、これを口中に含み、しばらく噛んでいると、粘液が唾液に溶けてぬらぬらとして来る。これを指先に取って局部に塗り付ける。唾液だけとは違って、すぐに乾燥することもなく、粘度が持続するという。『色道禁秘抄』にも、

通和散も湯水にて解き用ゆれば効少なく、津液に和すれば功多し。

とある。湯水に溶いた場合は、水分が多く含まれてしまい、ぬめりの効果が減少するもののようである。この黄蜀葵の根の粉末を「通和散」として、小袋にいれて販売したらしい。粉末では携帯には不便なので、これを和紙に塗布して乾燥させ、それを小さく切った紙状のものもあったという。男色道の大通であった風来山人、平賀源内（一七二八〜七九。国学、蘭学、本草学の研究者。滑稽本、浄瑠璃作者。狂歌師。画家）の『根南志具佐《ねなしぐさ》』後編（明和六——一七六九）に、

いそぎ教法を追ひまくり、黄蜀葵根店《ねりぎだな》を片時も早く破却して、痔病の愁ひを除くべし。

とあり、通和散とは言わずに、「ねりぎ」という語を使っている。『閨中紀聞《けいちゆうきぶん》　枕文庫《まくらぶんこ》』二編（文政六―一八二三）には、

江戸湯島天神下、伊勢七という薬店にて製する通和散は、極めて良しといへり。此薬店、通和散、江戸一家ニ限ル。

とある。江戸の川柳に、

天神《てんじん》の裏門で売る通和散（七九32）

というのがある。湯島天神社地は、天保の改革で陰間茶屋が一斉に取り払われるまで、芳町《よしちよう》（日本橋人形町周辺）と並んで陰間茶屋が殷賑を極めた所である。恐らく、上野の寛永寺の僧侶たちの利用が多かったのかと推察される。この句の「裏門」は後門、つまり肛門を利かせた趣向である。この句の店は、「江戸湯島天神下、伊勢七という薬店」であると思われるが、これ以外にも、湯島切通し坂上の「東扇堂山形屋」でも販売していたようであり、また閨房薬で著名な両国の「四ツ目屋」でも売っていた。

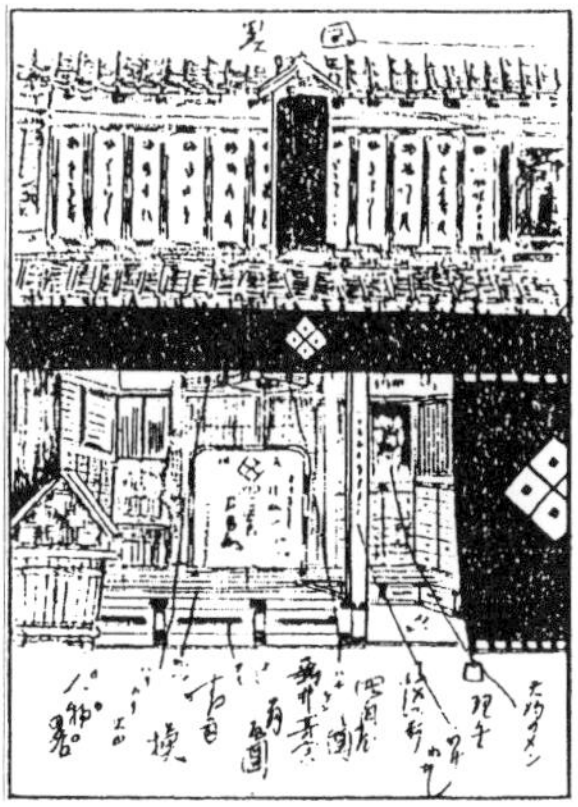

四ツ目屋の店頭風景（明治初期）
通和散や、その他、閨房の秘薬や秘具の専門店。当時の浮世絵師がスケッチした、珍しい絵。

大師流《だいしりゅう》にて筆太《ふでぶと》に通和散（一一五14）

これは、通和散を売っている店の看板の筆太の大書を言っている。大師流という筆法を用いたのは、衆道開祖と言われる弘法大師を暗示している。

この通和散の使用について、『野郎実語教《やろうじつごきょう》』（元禄九―一六九六）では、

一、床入の時は、彼《か》の所《とこ》へあなたからしめりをつれらるる也。客の玉《たま》くきへも付て下さる也。節々逢ては、あなたの彼所へこちらから付たるがよし。しめりの薬、通和散と云。

とある。これは、陰間への手引きである。陰間独特の自称敬語を使っている文章なので、少し読解のニュアンスが異なるが、「彼の所」とは、陰間の肛門であり、「あなたから」とは、相手の客から通和散を付けられることである。そして、客の一物へも当方から通和散を塗り、折々に逢う馴染みの客へは、いつも当方から積極的に塗るのがよいという。

フィクション物に描かれた通和散の使用については、まず『天の浮橋』（天保元―一八三〇）の、陰間茶屋での場面である。床の用意が告げられ、これから僧侶と陰間の取り組みの所である。

子どもは、かの通和散を唾にて解き、肛門の内へ塗り、手を洗い、しずしずと屏風の内へ入り、蒲団の上に座り、そっと寄り掛かり……

「子ども」は、陰間の別称である。陰間が客の床へ入る直前に通和散を唾で解いて、肛門の内側に塗って、準備万端を整えるのである。この準備は、客に気取られぬようにすることが多いようである。『通遥堪鹿軍談《つうぞくかんそぐんだん》』十編（安政六―一八五九）では、

又かくばかりにぬらつくは、是聞き及びし通和散と呼びなせる、ぬめり薬のぬらつきなるべし。

とあり、行為の真っ最中のこととして、描かれている。この「通和散」という名称については、媚薬類の「長命丸」や「女悦丸」などという命名とは異なり、単に「唾」を「つわ」として、「つわ散」と名付けられたようである。いわば唾の代用として交合に役立つ薬ということなのである。また、別称として「高野糊」とも言われた。俗に「高野六十、那智八十」と言われるように、衆道の本場である高野山の名を拝借したものであろう。

『閨中紀聞　枕文庫』初編（文政五―一八二二）には、「煉木之法《ねりきのほう》」として、この自家製の方法が記されている。

一、鶏卵《たまご》、十枚但シ黄味ヲ去ル。葛粉《くずこ》　十匁。

右にふのりを加へ、すこし濃くとき、紙へ延べ、幾遍も幾遍も干ては付るなり。用《もちい》やう、右の紙を嚙み味《あじわ》へば、滑《なめ》おちて口中《くち》に満《みち》る也。

紙に付けた添付物が乾燥すれば、携帯に便利であり、全て食品の応用であって、実用になりそうな気がする。また、同書の二編には、「通和散の異方」として、次のようにある。

海蘿《ふのり》、三菱《さんせん》。鶏卵《けいらん》、五枚《いつつ》。右二呈。

製しやうは、寒中、布海苔《ふのり》を能《よ》く晒《さら》し、玉子の黄身を去り、白身ばかり和して、日に乾かし、唐かね薬研《やげん》に卸《おろ》し、極細末《ごくさいまつ》となし、度々に篩《ふる》い抜きて、塗板《ぬりいた》に積《つも》りたるを最上とす。右、少づつ口に含み、唾にて溶き用ゆ。

又、法あり。ツノマタをよく煮爛《にただら》かし、漉《こ》して滓《かす》を去り、鶏卵の白身を等分にあわせて、美濃紙《みのがみ》に引《ひき》、陰干しに乾かし、かくする事五六度を程として貯へ、細元結紙《ほそもとゆいがみ》の如く切り、入《い》り用《よう》づつ引さきて、口に含み用ゆ。又外《またほか》に薬種《やくしゅ》を入《いれ》て製する法ありといへども、只香《ただかおり》なくねばりあるをよしとす。此一法《このいっぽう》は、上方《かみがた》のかげま子供屋にて、自製するとぞ。

この製法は、黄蜀葵の根を原料とする正規の通和散ではなく、その代用品として自家製にすることの伝授である。当時の、男色好きの男たち、または男娼たちが、真面目な顔を通して、これを真剣に作製している姿態を想像すると、まことに奇妙な感に打たれる。

通和散とか、その代用品の他にも、布海苔を主成分にした滑り薬も販売されていた。上方の記録であるが、『野郎絹ふるい』に、「安入散《あんにゅうさん》」が登場する。

床《とこ》へ入《い》る時、くづくづと女のやうに、雪隠《せっちん》へ行きたり、着る物着替《きか》える事なし。帯解きて大臣《だいじん》に身を寄せ、露転《ろてん》をいらひ、口を吸わせて後、後ろ向きになりて、印籠《いんろう》より安入散を取出し、唾《つばき》にて溶き、玉茎《たまぐき》に塗りて、お井戸《いど》へあてがい……

とある。「大臣」は金満家の客、「露転」は男根、「お井戸」は肛門である。この「安入散」は、通和散と異なる滑り薬であると言われる。肛交の際のぬめり薬については、上方では「海蘿丸《かいらがん》」とも称されている。その製法と使用法について、『百人一出拭紙箱《ひゃくにんいっしゅしょくしばこ》』（安永頃─一七七三頃）には、

○海蘿丸の方。ふのりをよく煮て、絹ごしにし、杉原紙を引き裂き、海蘿《ふのり》をしたし、大豆ほどに丸し、日に干、よく乾きたる時、印籠又は紙入などに入て、懐中し、入用のときつかひやう右にのぼるごとし。此薬、男色ばかり用ゆるものならず。新開《あらばち》を割るにもたより有や。

とあり、その大略がわかる。布海苔を原料にして作り、肛交をされる側の弟分や陰間は、常時携帯していたものである。この「ふのり」を材料にした「滑り薬剤」については、『女大楽宝開』に、「いちぶのり」として、

いちぶのりといふは、ふのりをよく炊《た》き、絹の水嚢《すいのう》にて漉《こ》し、杉原《すぎはら》の紙に流し、干し付、是《これ》を一分《いちぶ》なりに切《きり》て、印籠に入《いれ》て持つなり。又酒綿《さけわた》とて、酒を綿にて浸《ひた》し持つ也。是は、寝《ね》間《ま》にて客の持ち物、余り太《おお》きあれば、右の酒を我が手に塗り、其《その》手にて向《むこ》ふのへのこを、ひたものいらへば、自然と出来ざるものなり。客も合はずに帰る術《じゅつ》なり。

とある。杉原紙は楮《こうぞ》から作る紙で、奉書に似て薄く柔らかな紙である。これに布海苔を塗って乾燥させ、約三ミリ四方に切って携帯するのである。ついでに「酒綿」が述べられている。客の逸物があまりに巨大な時には、肛門に受けては傷が付く恐れがあるから、これを避ける法に利するのである。酒を手に付けて、相手の男根を熱心に手弄すると、勃起力が衰えるという。男娼の心得として、客を肛交せずに帰す術であると、その手管の一つを紹介している。凄い秘術があるものだと、感心させられる。

これらの植物性の滑り薬は、口中に入れても無害であるし、和紙に塗り付けて乾燥させれば、小片に切ることも出来、携帯にも便利であった。ここに、江戸の男色の世界における、江戸の人々の知恵を垣間見る思いがする。

さて、本邦における男色の祖は、弘法大師（七七四〜八三五）であると言われている。女色を禁じられた僧院では、平安時代から男色が行われていたことになる。肛交には、唾液が潤滑剤と

して使われていたと推測されるが、江戸時代以前の記録は、無いのであろうか。管見の限りでは、その実際を『稚児《ちご》草紙《そうし》』（十三世紀。鎌倉時代）に窺うことが出来る。この『稚児草紙』は、京都の醍醐寺三宝院に秘蔵されているもので、僧侶の男色を克明に描いた文献資料である。現物があれば、まさに性愛文化の国宝に値する。この古写本が存在するが、これでさえが元亨元年（一三二一）に模写し終わったという記述がある。その絵がまた、壮絶な素晴らしさである。徳高き僧侶がいたが、稚児との肛交を切に望んでいるので、それに伺候する童を仕立てることになる。詞書きの一節に、

　まづ、中太と云ふめのと子の男をよびて、ものをばはせさせて、せられつつ、のちには、おほきらかなる張形と云ふ物をもちて突かせて、丁字などを

肛交の訓練

『稚子草紙絵詞』（鎌倉末期—1300年代）

すりて、尻の中へ入させけり。

とあり、この童の仕立て用として、「張形」を使って練習したのである。その「張形」を挿入している絵がある。その詞書きには、

さらば、いまちとふかく、つき入て、さてあらん。

と書かれ、太めの張形が中程まで童の肛門へ挿入されている。

その次の絵は、童を四つん這いにさせて尻を高くした姿勢で、その肛門へ筆で丁字油を塗っているのである。丁字は、フトモモ科の喬木で、蕾を乾燥したものは「丁香《ちょうこう》」と呼ばれる香料であり、果実から油が取れる。この丁字油は、香粧料・薬料・香味料などに使用され、古来から馴染み深い油である。この絵の詞書きには、

いまはささへ候はん、ゆゆしく香ばしくおはしまし候ぞ。主ながらも、さもむつかしき御しりかな、いみじき御恩こそ候はざ

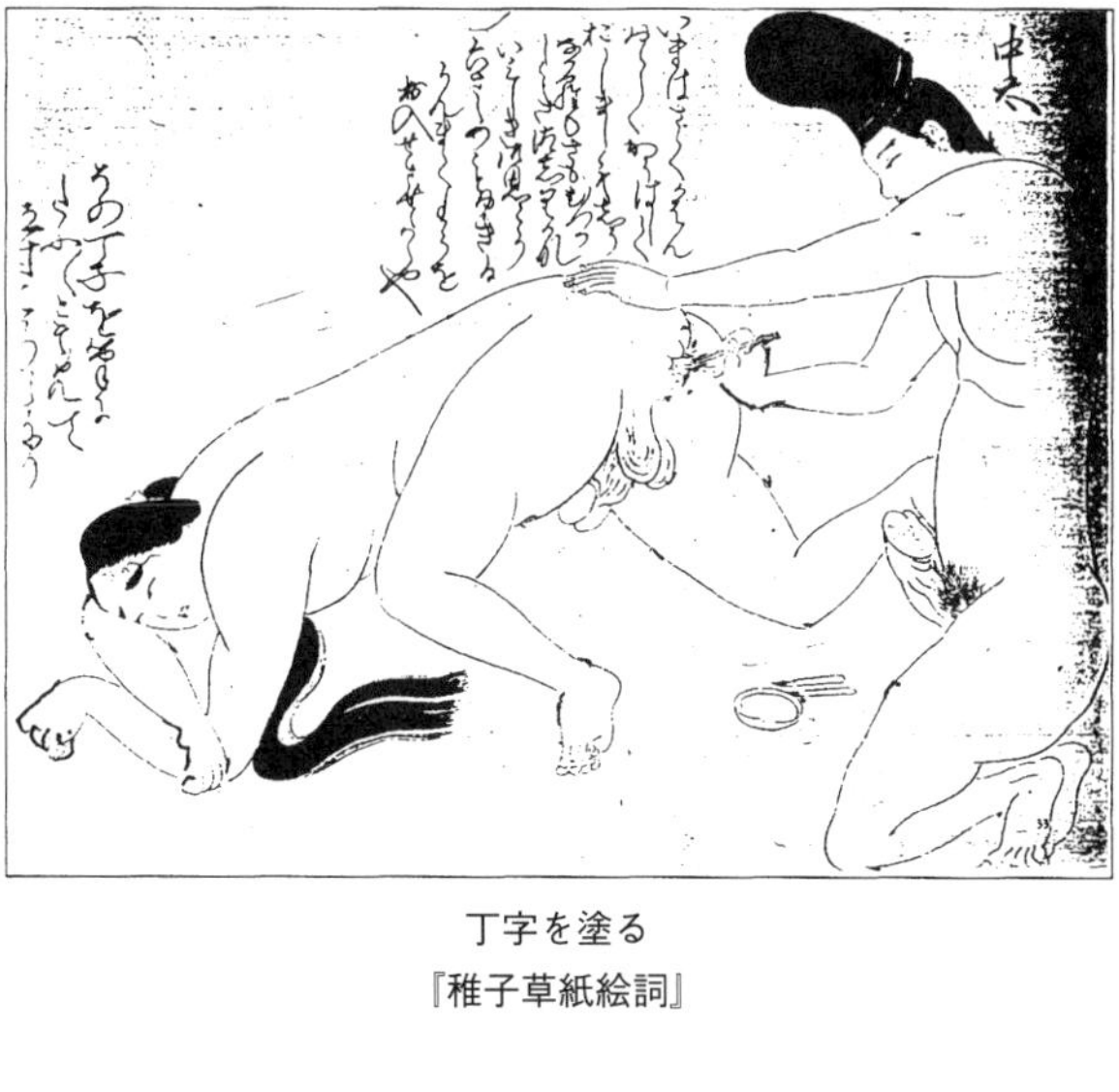

丁字を塗る
『稚子草紙絵詞』

らめ、ことゆき候はんまで、まらをお入れせさせ候はばや。その丁字を筆にたふたふと染めて、五寸ばかりひねり入れよ。

とある。肛交を望んでいる高僧が、毎晩せんずりを掻くので、勃起力が弱まっているから、童の肛門に容易に入るように、油を塗ることにしたという訳である。素焼きの油皿が一枚と、筆が二本置かれているのは、奇妙に写実的である。烏帽子を被った仕立て男が、童の肛門に丹念に丁字油を、塗り入れている図柄である。

やはり、鎌倉時代にも、滑り薬剤として、丁字油などが使われていたことが分かる。

さて、図示した「通和散」の宣伝効能書きであるが、これは明治初年の頃のものである。性愛文化の一端を示すものとして、現代語化する。

陰陽　通和散　壹包　半包

一此通和散之義は、余の慰薬とは事かはり、あながち女を嬉悦せしめるのみの薬にあらず。小女《むすめ》或は年増《としま》たり共、玉門穴狭ばき生れの御方は、男におふ時は、思はず陰門破れるなどして、あとあとまで腫れ痛み、難儀する事あるもの也。此薬を沢山付け用《もち》ゆる時は、いかなる

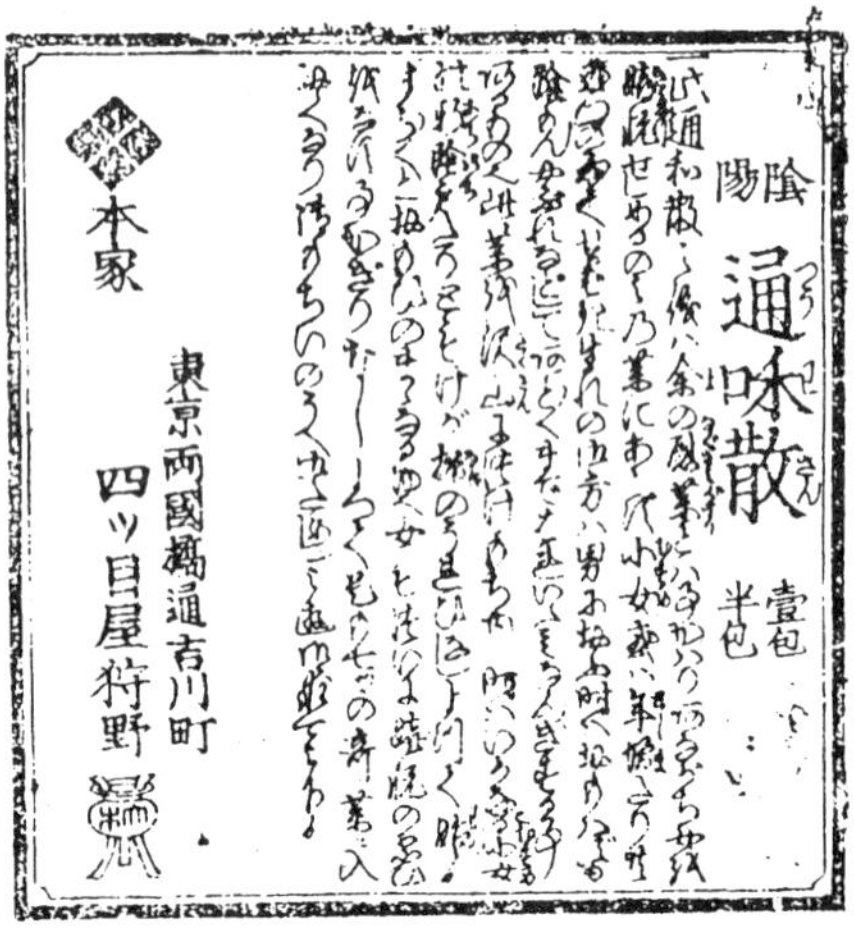

通和散の宣伝書き（明治初年）

小女《むすめ》の新陰戸《あらばち》たりとも、怪我《けが》抔《など》の患《うれ》ひなし。よって始よりすらすらと思ひのままなる故、女も遂《つい》に嬉悦の思ひをなす事限りなし。よって是《こ》の七つの奇薬に入おくなり。御用いの上、御《おん》ためし御遊《あそばされ》御求可被下候《おもとめくだされたくそうろう》。

本家　東京両国橋通吉川町　　四ツ目屋狩野

ここでは「陰陽」と嘔ってはいるが男色用とはせずに、女性の狭陰用の薬としている。これを使用すれば思いのままに出来「女も遂《つい》に嬉悦の思ひをなす事限りなし」と言う。上方の『百人一出拭紙箱』には、「海蘿丸」と称するぬめり薬を用いて、慎重に肛交すべき心得が説かれている。

扨《さて》、床入まへには、雪隠に行き、穴に唾を塗り、内までよく濡らし、さて出て手あらひきる物をふるひて、雪隠の移り香せぬやうにし、口中をうがひし、懐中の海蘿丸を取り出し、よく噛しめ、念者にみせぬやうに、肛門にも兄分の一物にも塗るべし。さて、床の内にてむかひ合て伏し、兄分の顔をかかへて口を吸はせ、其後帯ときて後ろ向きに成たる時、かの丸薬を用ゆるなり。兄分の鼻息の荒く成たる時、顔をねぢむけて口を吸はすれば、兄分気を早くやるものなり。さて、とくとしまわって片手に揉みたる紙を持ち、静かに兄分の一物を拭ひ、其紙をわが肛門にあて、しばらく噺などして、其後静かに床を出て、帯をすべし。兄分の側にて帯をすれば、裾のひらめきにて、悪き香などすれば、愛想つきくるもの也。さてそれより雪隠に行べし。兄分のしたみたる淫水を下すべし。不精をかまへて其ままに居れば、痔を患ふものなり。淫水とどこほりあれば、若衆の為、毒となる也。必ず早く下すべし。雪隠は近所へは行べからず。淫水を下す音、びちびちと鳴る事おびただしく、聞ゆるものなれば、ほど遠き雪隠へ行べし。

この記述には、なるほどもっともという内容があり、当時の体験者の知恵が生きているように思われる。

三、若衆・寺小姓・地若衆

1、本邦開祖は弘法大師説

男色は、歴史的には古代からあったとされている。江戸時代の認識としては、弘法大師が帰朝して、本邦に広めたとされるが、女色禁止の僧侶の世界では、それ以前から男同士の交合は行われていたと推測される。「大悦」という言葉は、僧侶の世界の隠語であった。肛交は、攻める方にとっては、摩擦の快愉と射精の快美感が伴うので、愉悦そのものを実感できるが、それに反して受ける方は、元来その機能が備わっていない排泄口に挿入されるのであるから、何らかの苦痛を伴う。そこで、一人だけが悦楽に耽るので、「一人」を合字して「大」の字に準《なぞら》えたのである。そこで男色による肛交を「大悦」と称したのである。一般的には、深山の修行場である寺院において、密かに行われた交合が男色なのである。『風俗七遊談《ふうぞくしちゆうだん》』（宝暦六—一七五六）には、

此道のはじめは、周の穆王《ぼくおう》の慈童を寵愛ありてより、此道開け、漢の世に登通李延年といふ美童あり。我朝への伝来は、むかし弘法大師いまだ空海と申せし時に入唐あり。恵果を師として、真言の密教を学び玉ふ。此時分に唐に衆道大きにはやりける。空海は学問の間に此道に立入給ひ、意気地の奥義を極て、帰朝の後に高野六十那智八十の教を立て、此道を広め

給ふ。衆道の超過せるといふは、己れに嬉しき事は少しもなく、好かざる所を以て情を人にほどこして、実をあらはす故に、八宗の僧徒達、この道に入ざるはなし。

と述べている。「周の穆王」は、紀元前千年の王様で、「菊慈童」という小姓を寵愛したと言われ、これが男色の始めだとすれば、すでに三千年前からこの色道が行われていることになる。空海が入唐してこの道を会得し、本邦に伝えたことになっているが、空海が唐から帰朝したのは平安初期の西暦八〇六年である。「高野六十那智八十」という俚諺《りげん》があるが、男色の世界では、高野山や那智山で修行する僧侶たちは、六十歳や八十歳になっても、まだお小姓役の男色を勤めるということである。高齢になっても男色

稚児と法師
『稚子草紙絵詞』
稚児「まず足をば洗わで、我法師は何とするぞ。日頃心ふかく思いけるこそ、かえすがえすもいとおしけれ」

には特別に精を出すということである。そして、自分の身には少しも快楽は感じられないが、他人に後庭華を提供することによって、相手に情を施すという犠牲的献身こそが仏の功徳に通じると解釈している。

また、同様な内容であるが、『弘法大師一巻之書《こうぼうだいしいっかんのしょ》』（慶長三―一五九八）の冒頭に、

抑々衆道《そもそもしゅどう》と云ふは、其古《そのいにし》え、弘法大師、文殊《もんじゅ》に契《ちぎり》をこめしより初《はじま》りしぞかし。衆道と云《いう》は、双方より思ひ初《そめ》て、親しみ深く、兄弟の約《やく》をなせし事、他の書にも見えたり。其昔《そのむかし》、弘法大師の初め給《たま》ふ事なれば、古今共に異朝は云ふに不及《およばず》、我朝流行《はやり》し事ぞかし。弘法大師一首の歌に曰く「恋《こい》といふ其源《そのみなもと》を尋《たず》ねればばりくそ穴の二つなるべし」

とある。歌の中の「ばり」は「ゆばり」のことで、尿という意である。恋の源泉は「尿道」と「穀道」の二つに起因するということである。

弘法もただは居《い》まいと裏《うら》を行き（宝十三信3）

仏道の修行のために渡海した弘法も、性欲の捌け口を考慮して、ただ独楽ばかりでは無粋だとして、裏道を実践したということである。当時の川柳作者たちの認識を、よく表している。同じように、

けつはさっせいと弘法大師言い（安七信6）

という句もある。修行のために女色は禁止するが、「けつ」ならばしても構わないと、弘法大

師は見事に許可されたということになる。そして、弘法大師自身が、肛交の実践者なので、挿入してみてその味わいを感得した筈である。

入れてみて弘法阿字《あじ》を考える（八二33）

こんなリアルな句もある。「阿字」は、通俗的には「味」であるが、仏法の世界では「宇宙一切の本末不生不滅の玄理」のことで、幽遠な悟りである。男色を実践することから、肛交の快さと仏法の悟りと双方を会得したのである。さらに、

弘法は我が身つねって見ぬと見え（明三礼6）

という、批判的な句もある。自分だけが摩擦の悦楽と射精の快美感を感じているが、されている相手は苦痛を耐えているので、「我が身を抓って、人の痛さを知れ」という教訓に即していないという揶揄である。

そこで、文献を繙くと、僧侶の世界から男色が広まり、それが貴族の間にも蔓延し、戦国時代に入ると、各国の武将が貴族の流行を汲んで、身辺に美麗な小姓を配することに至ったのである。もっとも、戦国時代は戦場に妻女を引率して行けないので、性欲の発散を小姓との行為で充足させたのであろう。小姓は、殿様の寵愛を受けることによって、主従の信頼感は鉄壁の如く堅固となり、身命を賭して殿の身辺を守るという絆にまで発展し、強固な軍団の誕生にまで至ったという。ある識者の言によれば、戦国時代の勝敗の歴史を知るためには、この男色関係という所から

切り込む必要があると説いている。

鎌倉時代の説話集『十訓抄《じっきんしょう》』（建長四―一二五二）や『古今著聞集《ここんちょもんじゅう》』（建長六―一二五四）には、僧侶や殿上人の男色の話が散見される。他愛ない話でさらりと書かれているが、この頃の男色の世界を垣間見る思いがする。

ここに『赤ゐぼし』（寛文四―一六六四）という男色文献がある。武士の念契《ねんけい》同士の心得を著したものであるが、経験者がその体験を纏め、後輩への手引きとしている。露骨な表現は皆無で、しっとりとした雰囲気を伝えている。「はじめてあふ夜」という一節の要所を紹介する。

　茶など過ば、夜もふけ候へば、いかふねむきふりして手水に立べし。（略）手水つかい、結ふたる髪をほどき、前髪ばかり、もとの如く結い撫でつけ、楊枝くわへながら、床取かたへ中立と共に入べし。寝間《ねま》には油火かすかにして、夜のものをかざり、なつかしう薫きしめ、枕屏風など引廻しをく。（略）寝ながらあるじのかたを見、「かさねもうすし、ただふたり、ねんいらせたまへや」と仰有時、あるじ胸うち騒ぎ、声震ひ、息もつきかね、言ひ出さん言葉もなく、おづおづ床の上に参べし。其後はいよいよ夢の心地なるべし。若衆「いまにはじめぬ世のならひ、思ふにまかせぬ身なれば、人すがましく、あはで過し事共は、みなわが咎《とが》なるべし。かくあいなるまま枕の上は、千夜《ちよ》も一夜《ひとよ》もへだてなければ、こしかたのうらみは許し玉へ」とて、口を吸わせよ。あるじ、かたじけなさのままに、「かくとばかり、御みみに入奉るさへ、たへがたく侍るに、ただ今の御ことば、ことに御枕のほとりにゆるされて参るのみならず、わすれがたき行方《ゆくえ》までの御諚《じょう》、さてさて嬉しかりき」と涙の段なるべし。その時「背中を暖めてたもれ」と、御ねんごろの段なるべし。いよいよ御しなせぶりのことのは、とやかくやする内に、おのが羽交《はがえ》を並べながら、別れ催す鳥の声、遠寺の鐘もきこゆ。

今の別れの哀しさ、言葉にも述べ難し。

奇を衒っていない情緒纏綿たる記述であり、情欲にまみれた肛交については、単に「とやかくやする内に」という表現の中に包含してしまっている。時代的にも古いので、衆道としての理念のみを強調している。

『逸著聞集《いっちょもんじゅう》』（寛文五―一六六五）は、江戸初期の奇書である。鎌倉時代の珍話を書き留めているが、その中に男色の話も多く採られている。

花園大将殿は、をこの御くせにて男色をこのませ給ひけるが、大童子をことにおぼしめしけり。御牛飼童に阿字丸といへるありけり。さしてもなき物なりけるが、いかでかおんこころにかなひにけん、いかでかなめしてんとおぼしけれども、さる御身にて牛飼童めさるべうもあらざりければ、いかでいかでとおもほせど、むなしくすぐさせ給ひけり。

この花園大将殿というのは、誰であるか判然とはしないが、かなり高貴な方であったことが了解される。名前の類似から言えば、第九五代の花園天皇（一二九七～一三四八）がいる。一三〇八年に即位しているから、この逸話は鎌倉時代の末かとも推測される。この大将はいたって男色が好きで、大柄な少年を好まれ、牛飼いの阿字丸という少年を見染め、何とか情を交わしたいものと思っていた。身分が格段に違うので、お側近くに呼び寄せることが出来ず、大将は悶々としている。ある時、禁中で舞踏の会が催され、大将はそれに参列し、夜更けに帰ることになった。

その時に迎えに来たのが阿字丸で、これはもっけの幸いとばかりに、帰途、陽明門（大内裏の待賢門の北側にあった門）の辺りで牛車を止め、家来にこれからお忍びで妾宅へ行くから、供の者はみんな帰るように命じ、阿字丸と二人だけになった。

さてかの阿字丸めして、こちことて、廻立殿のかたはらの人なきかたにて、とかく言はさず引伏せてまかせ給ひけり。

大将は阿字丸を近くに呼んで「こっちへ来い」と言って、廻立殿《かいりゅうでん》（大嘗祭の時に天皇が湯浴みし、衣を着替える所）の傍の人気の無い所で、有無を言わさず引伏せて、肛交をなさったのである。大和言葉であるから、肛交をなさったというのも「まかせ給ひけり」と簡略化している。その近辺を警護する衛士《えじ》たちが、人の気配がすると言って武具を持ち、松明を灯して出て来たので、

こととくしまひ給ひて、さりげなきさまして、御車とくやれとの給ひて、飛ぶが如く五条わたりへおはしけるとなん。

という結末である。「こととくしまひ給ひて」とは、「事《こと》、疾《と》く仕舞《しま》い」ということで、肛交の一儀を素早く済ませて、の意である。素早く事を済ませて、何気ない様子で「牛車を早くやれ」と命じて、飛ぶように五条辺りの妾宅へ逃れなさったとかいうことである、と結んでいる。高貴な御方の男色好きと、その実践ぶりを軽快に述べている。こんなに迅速に事が済むものか疑わしいが、唾をたっぷりと付けて行ったものであろう。この牛飼の童は、恐らく苦痛に喘いで耐え忍んだことであろう。

女のは取る若衆のは借りるなり（天五信5）

女との交合は、「一儀を取る」と言うのに対して、若衆との肛交は「釜を借りる」と言う。まさに、この大将は牛飼の童の後庭華を瞬時にして「借り上げた」のである。若衆に後庭華を貸してくれと口説いた場合、それ専門の男娼ならばともかく、地若衆であれば、

口説《くど》かれて若衆尻込《しりご》み致《いた》す也《なり》（天五松2）

というのが実体であろう。躊躇するという意の「尻込み」と、尻の準備をするという意の両意を掛けた趣向ではある。

衆道の奥義について、『好色旅枕《こうしょくたびまくら》』〔江戸版〕（元禄八―一六九五）には、次のように説かれている。末節の「弘法大師の秘密　衆道ゆるしの巻」である。

此衆道といふは、女道にかはり若衆の心よき事は一つもなけれど、意気地《いきじ》のたのもしづくにて懇《ねんご》ろし、兄分《あにぶん》を大切に思ふとみては、どうも言へぬかたじけなき事なれば、出家俗人に限らず、兄分たる人うっかりと心得たまふべからず。さて又、若衆たる人の嗜みは、ずいぶん湯をつかひ、研《と》ぎ磨《みが》きを第一と心得、嗽《うが》いなどに念入《ねんい》れ、口中の嗜み、髪頭《かみかしら》にも匂ひをとめ、風流を華奢にもち、少し伊達なるもよし。さあればとて、あまり伊達過ぎたるは、いかさまにも売りもののやうに見へて、見にくきものなれば、よきかげんが肝要也。男とおとこの恋路なれば、身持の嗜み第一なり。なにほど大切に思ふ若衆といへ共、欲の深きは興の醒

めるものなり。物を喰ふとも、喰ひ過ぎざるやうに嗜み玉ふべし。又あまり喰はぬも初心に見へて、見にくきものなれば、是もよきかげんをはからひ玉ふべし。互ひに懇ろをしては、女道よりおもしろく、若衆を大切に思ふものなれども、若衆の年も長け、向髪《むこうがみ》をも取る所からには、執着《しゅうじゃく》の念《ねん》切るるにより、女と変はり罪浅きがゆへ、出家沙門にこれを許す。しかし、たとひ向髪は取り候とも、たのもしづくの意気地を忘るるは、道にあらぬ僻事《ひがごと》なるべし。此道理をよくよく合点して行ひ玉ふ人は、衆道の達人と云ふ者也。

この説は、衆道の快楽性よりは精神性を強調し、兄分と弟分の弁えを論じている。

一方、寺院の僧侶の世界では、修行を重ねた高徳の僧侶も、性欲の煩悩には打ち勝つことは出来ず、常に見目よい小僧を追い求め、弟子入りした小僧を男色の相手として重用した。世間では、その事実を知っていても、僧侶たちの黙して語らぬ秘事であったから、僧たちの肛交の技法は文献には明らかにされていない。

けつをするのを清僧《せいそう》と覚へてる（天五松2）

寺入りした少年たちも、色道の世界は心得たもので、高徳の僧こそその方面の欲求が強いという認識である。

本尊は蓮華《れんげ》和尚菊座《きくざ》也《なり》（六七13）

寺の本尊様は蓮弁に囲まれた蓮華座に鎮座しているが、それを毎日伏し拝み崇拝する和尚様は、夜毎に菊座を愛用するのである。「蓮華座」と「菊座」の語呂合わせの句である。そしてまた、「菊座」は肛門の別称でもある。

提灯を提《さ》げて老僧裏門《ろうそううらもん》へ（一一五29）

夜間、閉ざされている表門から入らずに、提灯の灯を頼りに薄暗い裏門から寺に入る。それが表意であるが、「提灯」が老人のぶらぶらと下がった萎えた男根の異称であり、裏門が後庭華の隠語であることを思えば、本意は自ずと了解されるであろう。老僧になっても、性の発散は怠りなく、夜毎に若い弟子の肛門へ精液を注入するのである。

うしろから和尚《おしよう》のいぢる唐辛子《とうがらし》（一〇六13）

庭の一隅に栽培してある唐辛子の出来具合を、手で確かめている和尚である。「唐辛子」は、まだ包茎である少年の男根の異称であるから、これは壮絶な肛交の場面をさり気なく述べていることになる。体位は普通、後背

稚児と僧侶『女貞訓下所文庫』（明和三―1766）
「児の図」とある。僧「しゃもんのたのしミハ、この身へじゃ。ヲヲ、かはゆらしい」

位である。四つん這いにさせて尻を突き出した少年に、和尚は後方から接して、盛んに抜き差ししながら少年の男根をまさぐっている所である。弟子たちは、毎晩、師匠に後庭華を提供し、真面目に奉仕する。そこで、和尚の方でも、

　裏門の菊を和尚大事がり（一三一6）

ということで、弟子の養育にも精を出し、相応に手厚くもてなすという相互扶助が成立するのである。

　さて、ここで男色のまとめの意味を兼ねて、江戸末期の考え方を見てみよう。江戸性愛百科とも言うべき『閨中紀聞　枕文庫』二編を引く。

　衆道の論。漢《かん》に是《これ》を非道《ひどう》といひ、蛮道《へんどう》といふ。吾俗《わがぞく》兄弟分の誓《ちかい》といひ、衆道といふ。世々《よよ》女色《じよしよく》の戒《いましめ》はあれど、男色《なんしよく》にいたりて禁なきは不審《いぶかし》。其着《そのちやく》する所は、愛欲《あいよく》頗《すこ》ぶる女色よりも重し。箴《いまし》むべき事なり。諺《ことわざ》に空海《くうかい》に始る

僧侶と若衆『好色妹背河』（享保期―1720頃）
僧「人がこない内に」若衆「そろそろついてくだされ」

といふは誤りなり。周の穆王は慈童《じどう》を愛し、菊座の名を広くし、漢の高祖は籍孺《せきじゅ》を愛して、秦の後門《こうもん》を破れり。尚書《しょうしょ》に頑童《がんどう》を近づくる事なかれと戒め給ひしも、弥子瑕《びしか》、董賢《とうけん》、孟東野《もうとうや》が類《たぐい》あり。皇朝《こうちょう》にも道祖《どうそ》の王《おおぎみ》、侍童《じどう》に通ひ給ひしことあり。弘法大師は渡天《とてん》のみぎり、流砂《りゅうさ》川《がわ》の上《ほとり》にて、文殊《もんじゅ》と契給ひしより、文殊には支利菩薩《しりぼさつ》の浮名をながし、空海師は衆道の祖師《そし》と汚名をとどめたり。真雅《しんが》阿闍梨《あじゃり》に業平《なりひら》あり。建長寺の僧自休《じきゅう》に児《ちご》の白菊《しらぎく》あり。後醍醐帝《ごだいごてい》に隈若《くまわか》、直実《なおざね》に敦盛、僧正坊《そうじょうぼう》に牛若、文覚《もんがく》に六代御前《ろくだいごぜん》、信長《のぶなが》に蘭丸《らんまる》が如《ごと》き、古今枚挙《ここんまいきょ》に遑《いとま》あらず。五雑組《ざつそ》に仏教を引ていふ。人の身《み》うちに淫《いん》を受《う》くる処《ところ》七ケ所あり。前陰後竅《ぜんいんこうぐ》（シリノアナ）および口と両手《りょうて》と両足《りょうそく》の彎《ひつかがみ》なりといえり。天竺《てんじく》は西《にし》の夷《えびす》なれば、口をもて求《へのこ》をうける事ありと見へたり。口にて人の唾《つばき》を受けるものもあり。ことさら牛糞《ぎゅうふん》を尊《とうと》び、或は獣《けもの》とも交わる事ありといへば、口をもて便溺《べんでき》をもうける事、何ぞ又怪《あや》しむに足《たら》ん。

少しこじつける気配もあるが、論の展開が素晴らしい。男色は女色に比べて、愛欲の度合いが重いのであるという基底を踏まえ、古今の衆道で結ばれた人物を列挙している。そして、人間は快楽を授受する箇所が七つあるとしている。それは性器と肛門と口とであり、それに両手と両足の湾曲する部分であるとする。欧州の情報であろうが、オーラルセックスにも触れており、獣姦にも言及している。そこで快楽の追求のためには、口で便溺《べんでき》を受けることなどは、許容されるべきであると述べている。

2、衆道二品あり

さて、当時の人々の若衆に対する意識は、どんなものであったか、それを知る必要がある。句にも、

若衆《わかしゆう》に惚《ほ》れたを尻目《しりめ》と申《もう》すなり（天四宮2）

とある。「尻目」は、眼球だけを動かして後方を見やることであり、流し目とか色目とかと同義である。女の流し目は、艶やかで色っぽいものとされている。「尻」を交合の要とするので、若衆に惚れたという場合は、この色目も本当の尻目であるという訳である。恋を若衆に仕掛ける側と、それを受容する側と、琴線の触れ合いは当事者しか分からないようなものがあったと思われる。

清僧《せいそう》も尻目《しりめ》に掛けるいい若衆（六六8）

行い正しく清貧に甘んじている僧侶も、この道だけは煩悩のしからしめる所で、美麗な若衆には、大いに気を引かれるのである。

『好色訓蒙図彙《こうしよくきんもうずい》』（貞享三―一六八六）には、次のようにある。

若衆　美少年
『好色訓蒙図彙』
男色の相手として、十代の美若衆が対象になる。

濡れを本手《もとで》の色好み、女色《にようしき》に似て、可愛らしいとて、生男《きおとこ》の若年を夜の御座《おまし》に召さされて、回門《せど》ぐちを濡《ぬ》らし給《たも》ふ元祖上人《がんそしようにん》は、たれやらんぞと聞《きけ》ば、実《まこと》か虚言《うそ》か、弘法大師の御さく也とかや。又天竺にもあればこそ、非道といへり。震旦にては乱風、押甎《おせん》といひ、吾朝にては、衆道とおしゃる。しかありしより、此道ひろまれり。（略）俗は是を扈従《こしよう》となづけ、弟分といふ。僧は児喝食《ちごかつしき》、了髻《かぶろ》と号して、髪ながくすべらかし、女すがたをうつし、小《お》和《やわ》に出たがおもはく也。されば主君に愛せらるる少年は、死手《しでの》山路の跡をかけ、僧にぬらさるる稚児は、苔の袂にやつれ、民間に兄分もてる若衆は、意気智《いきじ》をみがき、心中をただす一言の下《した》に、百年《ももとせ》の命をすて、為以《このため》の浅深《せんじん》には、先祖代々の知行を棒にふるためし、此いきぢよりなせり。誠に三四年過れば、兄分と同じすがたにて、共に白頭となれども、よ

若衆との取り組み『男色山路露』（享保15頃—1730頃）
「むたいなる恋」とある。

しや、槿花をもてあそばぬにもあらず、女道のしたるさ、いき地のうるささ、あぶらくささ、物くいと、千里もしりぞきつべし。（略）いさぎよい此若衆、柄《つか》をとらいではとの物好《ものずき》、いつれ侍《さぶらい》たらんものの、好くべきはこれ也。

僧侶と武士の世界に、この衆道が隆盛となり、武士の世界では小姓とか、兄分や弟分としての契りを固め、命を賭して意気智を遵守するという。僧侶の世界では、稚児や禿《かむろ》と呼ばれ、女のような姿態が好まれるのである。

痛いのは小姓覚悟の後《うしろ》なり（一一五29）

度胸を据えて覚悟を決める事は、普通「覚悟の前」と言う。寺小姓は、後を取られるから、「覚悟の後」と洒落たのである。

寺小姓蓮華往生《れんげおうじょう》毎夜され（葉末別6）

寛政年間（一七九二頃）、蓮華往生という事件が

月見に優る楽しみ『男色山路露』
「月による恋」とある。

発覚した。上総の国で、日蓮宗の僧たちが庶民の信仰心を利用して、眠るように往生出来るとして仕組んだ件である。希望の信者から料金を取り、大蓮台に設えた蓮の花弁に人を入れ、花弁を閉じて隠し、台の下から槍で尻を突き刺して殺し、念仏読経の最中に見事に往生したように見せかけたのである。大評判になった事件である。この蓮華往生という言葉を援用し、寺の若い小姓は毎晩、住職から肛交をされるという実態を述べている。

衆道について、『男倡新宗玄々経《なんしょうしんしゅうげんげんきょう》』（鐘西翁著。宝暦頃―一七五五頃）では、次のように述べる。

古人、後庭華と称したるは、此男倡の事にして、其意気地を賛美したるの名也。夫若衆道に二品あり。劇場童《ぶたいこ》かげ子の類の野郎といへるものを、第一とし、地若衆を第二とす。（略・劇場童かげ子の類の野郎たちは）芝居を戻り、暮方から座敷を勤めて、おそろしき山法師或は熱鉄坊にも出合ひ、いけぢなきうきめにあふ事也。床の内のとりさばきは勿論、客への意気地強き中に、生粋といふ誠の情を込めたり。粧ひ方は女も及ばぬほどに仕立て、艶なる事類ひなし。（略）此難行苦行を経たる処なれば、若衆は冶郎にきされる無く、是大乗の衆道也。又地若

美少年との取り組み『男色山路露』

「あらはるる恋」とある。無双の美少年を口説き落として一儀に及ぶ。

儒者とその弟子『男色山路露』
「道による恋」とある。素読を習いに来た美童との肛交。
男「此うまさを今までしらなんだ」

儒学の師匠と弟子『貝くらべ』(明和七―1770)
師匠は若衆と肛交。年増の女房は若衆のお供と取り組む。
「学問といふものは痛いものでござりますな」

衆の中にも、官舎寺《ふけ》に小姓と云へるは、意気地粧ひもあい劣らぬ者ありて、第二の衆道也。

この著者、鐘西翁については詳らかではないが、舞台子《ぶたいこ》や陰子などの男娼との交渉が衆道の第一であるとし、武家や寺の小姓との交渉を衆道の第二としている。著者の体験を基にした説のように思える。

「劇場童かげ子の類の野郎」たちは、事前に過酷な肛交の準備行為を受け、一応の鍛練を経ているが、寺の小姓たちはどうだったのであろうか。『稚児草紙』については第二項で触れた。潤滑剤として丁字油を使ったことが記されているが、その中の絵に、これから肛交される少年が尻を炭火で温めている図がある。江戸時代の陰間の訓練に「腰湯」を使わせるという技法があるが、これと同じ効果を狙って、尻を温めてそこの括約筋を柔軟化させるためであろうと思われる。

それにしても、初交の辛さは相当のものであったと想像出来る。

初めての時目の眩《くら》む児《ちご》が淵《ふち》（一四八2）

「稚児《ちご》ヶ淵《ふち》」は、相州江《え》ノ島《しま》の岩穴へ下る岸壁の深潭である。初めてそこを訪れると、岸壁に囲まれた淵が余りに深いので、目が眩んで吸い込まれそうになると言う。「稚児ヶ淵」と稚児の肛門を掛けた趣向である。初交の疼痛が耐えがたく目が眩むような実感を述べている。

ひりひりとするは小姓の新枕《にいまくら》（八八18）

これも初交直後の痛みを述べている。別項（「釜破損とその治療」）で解説するが、肛交をされ続けていると、痔疾を患うことが多かったようである。

師の恩の身にしみじみと痔の痛み

（一二二乙28）

師匠から修行の手ほどきを受け、仏学も身に付くようになるのは、まさに師の恩であるが、肛門に受けた痔疾も「師の恩」の一端ということである。

師の恩は今に忘れぬ痔の痛さ（一〇六9）

少年の時からの修行の厳しさをしみじみと述懐すると、仏学の蓄積向上の辛さとともに、師匠から蒙った痔の痛みも、一入深く偲ばれるのである。

「夢中の恋」
『男色山路露』
若衆好きの男が中国へ渡り、唐の宮中で歓待され、美童を提供され、熱中して本技に及んでいるところ。

四、念者《ねんじゃ》、兄分《あにぶん》と弟分《おとうとぶん》

江戸の中期以降、商売としての男色が盛んになったが、それ以前の戦国時代には武士同士の念友《ねんゆう》という契りがあった。商売ではなく、いわゆる地若衆であるが、この念友の関係は江戸時代に至っても、武士や町人の間にも存在した。これは、強固な契約による同心同体の関係で、むしろ死生を共にする一体感からの結合である。したがって「遊び」ではない。この関係は念契《ねんけい》とも呼ばれるが、肉体を提供する弟分は苦痛を耐え忍び、兄分に快楽を提供するという立場にある。兄分は悦楽を感受して、弟分の苦痛を察し取り、その責任を痛感して、二人の関係は精神的に昇華されるのである。これが所謂遊びを度外視した道であり、「衆道」とか「男道」と呼ばれるものである。

教えけり手の師匠なり念者《ねんじゃ》なり（馬だらひ・元禄13）

若衆侍を口説く
『男色狐敵討』（宝暦六―1756）
「御小姓あまた有中に、艶之介、たぐいまれなる美しょうねんにて、みな人おもひをかけける」

大名と小姓、僧侶と弟子との関係とはまったく異なり、相互に意気が通じ、信頼感で繋がっている。念友の兄分であると同時に、弟分に手習いを教える師でもあるという関係を述べている句である。少年の体は、男でもなく女でもなく中性的で、筋肉や脂肪の付き具合は、成人男子と違い、また成人女性とも微妙に違っている。

念者に似合ふた鼓打《つづみう》ち（武三9）

能を厳かに舞う兄分と、伴奏に鼓を打つ弟分の姿である。息のぴったりと合った、寸分の隙もない、その呼吸はまさに念契の間柄なればこそなのである。瑞々しい前髪姿の少年は、そのむっちりとした中性的な尻付きをしていて、これが「うしろ付き」と呼ばれ、衆道を志す者には、またとない魅力であるとされる。それが、二十歳以上になると、少年の中性的な容姿は失われ、念契も自ずから解消される。しかし、肉体的な結合は無くなっても、もと念契という関係は残存する。

念者後止《のちや》めて女道《にょどう》に出直さん（一息・元禄6）

弟分も少年から脱皮して、女にも興味を抱くようになる。念契として、兄分に快楽の提供者では無くなり、己もまた女色によって性の快楽を得る所まで成長するのである。

憎《にく》や亦《また》念者の妻の冷笑《にがわら》ひ（若みどり・元禄4）

武士と若衆
『百人一出拭紙箱』
肛交の典型的な後取り。

武士と若衆
『百人一出拭紙箱』
尻を高く上げた前取り。

結婚した兄分の所へ、何かと相談に出掛ける弟分である。まだ独り身の弟分に対して、兄分の妻が「早く、嫁を取りなされ」と勧めている場面であろう。

若衆が念者の妹もらいかけ（寄太鼓・元禄4）

これも人生模様の一端であろう。嫁取りの適齢期になった弟分。勧める人があって、嫁の候補者の話を持ち込んで来た。よく確かめると、それは兄分であった者の妹である。この話の結末は不明であるが、句のニュアンスからすると、御破算の気配である。念者の妹では、何かと不都合な事になるものと思われる。

『男色山路露《なんしよくやまじのつゆ》』という珍文献がある。男色の世界だけを描いた物語で、しかも肛交図も多く披瀝されている。衆道を垣間見《かいまみ》るという意味で、その中の一編「刀による恋」を紹介する。

豊前《ぶぜん》の城下に斉藤傳八とて、かくれなき剣術の達人、ずいぶんこころもやさおとこなりしが、おなじ家中《かちゆう》に、美童《びどう》の名を得し、山田大次郎とて、国中これがために、思ひ乱れぬはなかりき。大次郎此ごろ関《せき》の孫六《まごろく》が刀を求め、斉藤傳八に目利《めき》きを頼まんと、下人に持たせて傳八かたに行《ゆ》くに、折《おり》ふし非番にて宿《やど》にあり。「いざ御通り」と座敷へ通し、挨拶終われば大次郎刀を出《い》だし、目利きを頼めば、いよいよ孫六に相違なく、「ことに無疵《むきず》の上出来《じようでき》」と褒《ほ》むるほどに、大次郎大に喜び、それより四方山《よもやま》の物語り。元来傳八、大次郎に深き思ひ、今日のお出では衆道大明神《しゆどうだいみようじん》の御引合《おひきあわせ》と、思ひのたけをそろそろ言《い》ひ掛くるに、大次郎頰を赤め、「我には兄分の候へば、許したまへ」と言ふに、傳八くわっとせきあげ、「その兄分の名を聞かされよ。ぢきぢきに貰《もら》ひもし承引《しょういん》なくば、太刀先《たちさき》にて貰はん」と血眼《ちまなこ》になれば、大次郎気の毒がり、「さりとは広き家中に、我ばかり少人《しょうじん》にもあらず。事に及びなば、双方《そうほう》の御為《おんため》にならず」と、様々《さまざま》に言《い》い宥《なだ》めど、なを堪《た》へぬ顔付き。大次郎ぜひなく、「しからば、某《それがし》は羅切《らきつ》て後《のち》に、いかやうとも計《はか》らひたまへ」と、脇差《わきざ》しに手を掛くれば打驚《うちおどろ》き、「さほどまでに、兄分を大切に思ひたまふ妬《ねた》ましさよ。貴殿《きでん》を殺し、跡《あと》にての太刀打《たちうち》、何《なん》の益《えき》あらんや。殺す事は思ひよらず。よし恋《こい》は叶《かな》はずとも、顔《かお》見てなりとも楽しまん」と、押し止め騒ぐはづみに、大次郎が懐《ふところ》より文一通《ふみいっつう》取り落とせば、傳八そのままひったくり、上書《うわがき》見れば斉藤傳八様とあり。合点《がてん》行かねば開き見るに、「某《それがし》いまだ兄分無し。何とぞ兄様《あにさま》に頼み参らせ候《そろ》」と、そのかたじけなき心底《しんてい》、「これはいかに」と不《ふ》審《しん》すれば、大次郎恥ずかしげに差《さ》し俯《うつむ》き、「いつぞやよりの御《おん》ありさま、私《わたくし》に御心もあるやと存ずれども、何の御おとづれもなし。家中多きなかにも、我が兄分に頼み参らする人、外《ほか》に覚へず。折《おり》を以《もっ》て御心底《ごしんてい》を聞かまほしく、幸い今日《こんにち》此刀の御目利きを頼み、我が心底をも表はさんと、只今《ただいま》の幸せ、

舟遊び『男色山路露』

「舟による恋」とある。若衆「ふらふらする。しつかにあそばせ」

今よりのちは、兄様と頼みまする」と、さても有《あ》り難《かた》ひやら、嬉しひやら、夢ではないかと抱《いだ》き締《し》め、口を吸へば一物《いちもつ》たまらず、いきりて、はや取りかかる早業《はやわざ》。気の急《せ》くままに淫水《いんすい》張《みなぎ》り、ぱっと散ったる白波《しらなみ》に、「アア、是申《これもうし》そろそろ遊ばせ」

他愛のない創作と言ってしまえば埒も無いが、当時の雰囲気は摑める。刀の目利きに事寄せて、相思相愛の兄分と弟分が巡り合って、その心底を確かめ合ってから、すぐに性行為に移る。ところが、兄分が張り切り過ぎて、行為をする前に射精をしてしまったという話である。弟分の「ああ、(勿体ない)ゆっくりと気長に致しましょうよ」という最後の台詞が面白い。その絵には、蒲団の上で互いに全裸になった武士が描かれ、若衆髷の若い武士が騎乗位で乗り、下に横たわった兄分の武士が、若衆の開いた尻の外側に精液を大量に噴射させている。

当時の特異な衆道の世界を、ここに見ることが出来る。この文献には、武士同士、町人同士、舞台子など

武士の念者『男色山路露』
「刀による恋」とある。

の男娼との交渉など、様々な三十話の男色が語られている。色道の本道としての男色よりも、快楽としての男色が述べられている。例えば、「偏なる恋」では、武士の話として、

　限りなく悦び、何かなしに抱き付て口を吸えば、たちまち一物いきり出し、唾物して取り掛かるに、その味合ひどうも言へず。これを縁の初めとして、遂に兄弟の約束し、明け暮れ外なく楽しみけり。

とある。肛交の快美感に重点が置かれているようである。この観点から「夢中の恋」の一節を見ると、

　多賀介とて、諸芸に達したるやさ男あり。初めは人の小娘、腰元をせせりて、撮み食いをおもしろき事に思ひ、暮らしけるが、ふと若衆に契り、玉門とは格別なる旨みを覚へてより、いかなるぴんしゃんとする女を見ても、鍛冶屋の三太が、

若衆との取り組み『珍色床の継席』（宝暦七―1757）
謎遊びの書き込みがある。「男色とかけて／住吉のしほひ（ととく）／心は、うらであそぶ」男の台詞「こなさんほど、かはゆい人はほかにない」

相槌打っている尻付きには、見かへぬ気性となり。

とある。女陰とは違って、一段と素晴らしい味わいに、ぞっこん入れ込む様子を描いている。男色の旨みについて、艶笑小咄本『さしまくら』（安永二―一七七三）に、「紙燭」と題して、

　地若衆を口説けば、早速合点して、しかも泊に来る。夜着の内にて、後を向せければ、「前からがよい」といふて、腹の上へ乗せ、足をぐっとあげ、始から「荒く突て、荒く突て」と好み、奇妙に締めくくりの具合にたまらず、忽、気がいき、引き抜いて、若衆に、「この上の無心がある。指を入れさせたまへ」「アイ」と心まかせにする。「まだ無心がある。灯で見せてくれたまへ」若衆「なぜ、指を入れたり、紙燭で見たりなさんす」男「あまり奇妙に味がよいから、もし陰戸ではないか」

とある。夜の暗闇の蒲団の中で、前向位で肛交したところ、その締まり具合の素晴らしさに、忽ち射精する。男は、指で探り、灯を点して局所を点検する。若衆の問いに「素晴らしく味がよいので、女陰ではないかと調べた」ということである。

　これと同類の小咄は、書物名を失念したが、僧侶と陰間との取り組みで、やはり僧侶が絶快に驚いて、「ぼぼではないか」と調べるというのもあった。これらの小咄の焦点は、何なのであろうか。単に、前門よりも後門の方が締まりがよいという寓説なのか、それとも女色の旨みを熟知している者が、気晴らしに別種の快楽を求めるという摂理なのか、いずれとも判定し難い。

　ここで、衆道の上品《じょうぼん》と下品《げぼん》について述べる。上品《じょうぼん》とは、肛交をするのに、素晴らしく優秀な器のことであり、下品《げぼん》は並よりも劣り、劣悪な器のことである。『好色訓蒙図彙』に、

衆道の上品といふは、第一、後門《こうもん》に肉多く、福《ふく》らかにして、肌細《はだこま》やか也。谷深くして、菊座《きくざ》柔らかに、四十二の襞緩《ひだゆる》やかにして、口しまらざれば、濡らしに従ひ靭《しな》やかに、滑《なめ》らかになり給ふ也。（略）下品は、第一、後台《こうだい》に肉無く、厚皮《あつかわ》にして、骨高《ほねだか》なる事、紙越《かみご》しに簀子《すのこ》を探《さぐ》るが如《ごと》し。谷浅くして、六月の水《み》無瀬《ならせ》川《がわ》也。菊座こはごはしくして、新左衛門が渋紙そこのけなり。締めたる袋の口のやうに、道明寺《どうみようじ》の入物《いれもの》もいそなり。

上品のそれは、臀部に肉が多くあって、ふっくらとして肌理《きめ》細やかである。臀部の切り込みが深く、肛門が柔軟性に富み、四十二の肛門の襞が緩やかである。その口が緊密に締まっていないので、潤滑剤を施すとそれにつれてしなやかになり、ぬるみを帯びて来るものである。それに比して下品のそれは、臀部の肉付きが無く、

地若衆との取り組み『さしまくら』
「紙燭」と題した艶笑小咄の挿絵。

皮膚が鮫皮のように厚く、臀部も骨張っている。それは恰かも、和紙越しに竹の簀の子を触るようなものである。尻の切り込みも浅く、水の流れない夏の河川のようである。肛門もごわごわと固く、曾呂利新左衛門が豊臣秀吉の米倉を覆うために作った巨大な渋紙と同様である。口許《くちもと》は固く締まり、糯米《もちごめ》を蒸して干した道明寺糒《ほしいい》を入れる巾着袋と同じようなものである、と述べている。

この肛門のランクについては、『好色旅枕』の説明が分かり易い。「これより尻穴三品の次第」とある。

上とんの形。第一、後門に肉多く、ふくらかにして肌柔はらかに、四十二の襞ある故、濡らしに従ひ、ゆるやかにして、滑らかなるによって、上とんといふ。

中とんのかたち。襞三十八あって、上とんに四襞少なきによって、味上とんほどになけれども、大かたの味なるによっても、中とん。

下とんの形。後台に肉なく、厚皮にして骨高し。谷浅くして襞一つなければ、潤ひなく、何ほど濡らしても、焼石に水かけるに等しく、何の快よき事一つもなければ、下とんといふなり。

さて、女陰は四十八襞と言われるが、肛交に最適なものは、四十二襞であると言う。これが最上級で、潤滑剤を施すことによって、ゆるやかになめらかに男根を迎え入れる。襞数が多ければそれだけ挿入した男根へ、多彩な刺激を与えるということなのであろうか。中品《ちゅうぼん》は三十八襞で、これは上品ほどではないが、かなりの旨みがあるという。下品は、襞が皆無であり、潤いを与えても滑らかにならず、快味がまったく感得出来ずに、よい所は何一つ無いと、散々な評価である。しかし、これだけの評価がなされるというのは、それだけの長い蓄積の歴史があるからで、その探究心の凄絶さには敬服せざるを得ない。想像力を働かせて、当時の衆道に適不適の若衆を、頭に思い描くことになろう。

ここに『三淫論《さんいんろん》』（文政頃―一八二九頃）という戯文がある。その一節に肛門の佳称を列挙しているので、参考として掲げる。

さて、又ボ、に佳称多きを昌言し給えども、肛門も亦少からず。其三ツ四ツを数へんに、古是をイサラヰと云、後世是をシリと云、オヰド、ヰシキは女の詞、ケツとカマとは鄙俗の云、芝居のセンボに七兵衛と云、大工の隠語に墨壺《ふちよう》と云。裏門は義を以て呼び、菊座は形によって称す。漢には是を尻《こう》と云ひ臀《でん》と云ひ臋と云ひ、肛門と云ひ紅緺《こうか》と云ふ。是を弄ぶ道を謂て南風と

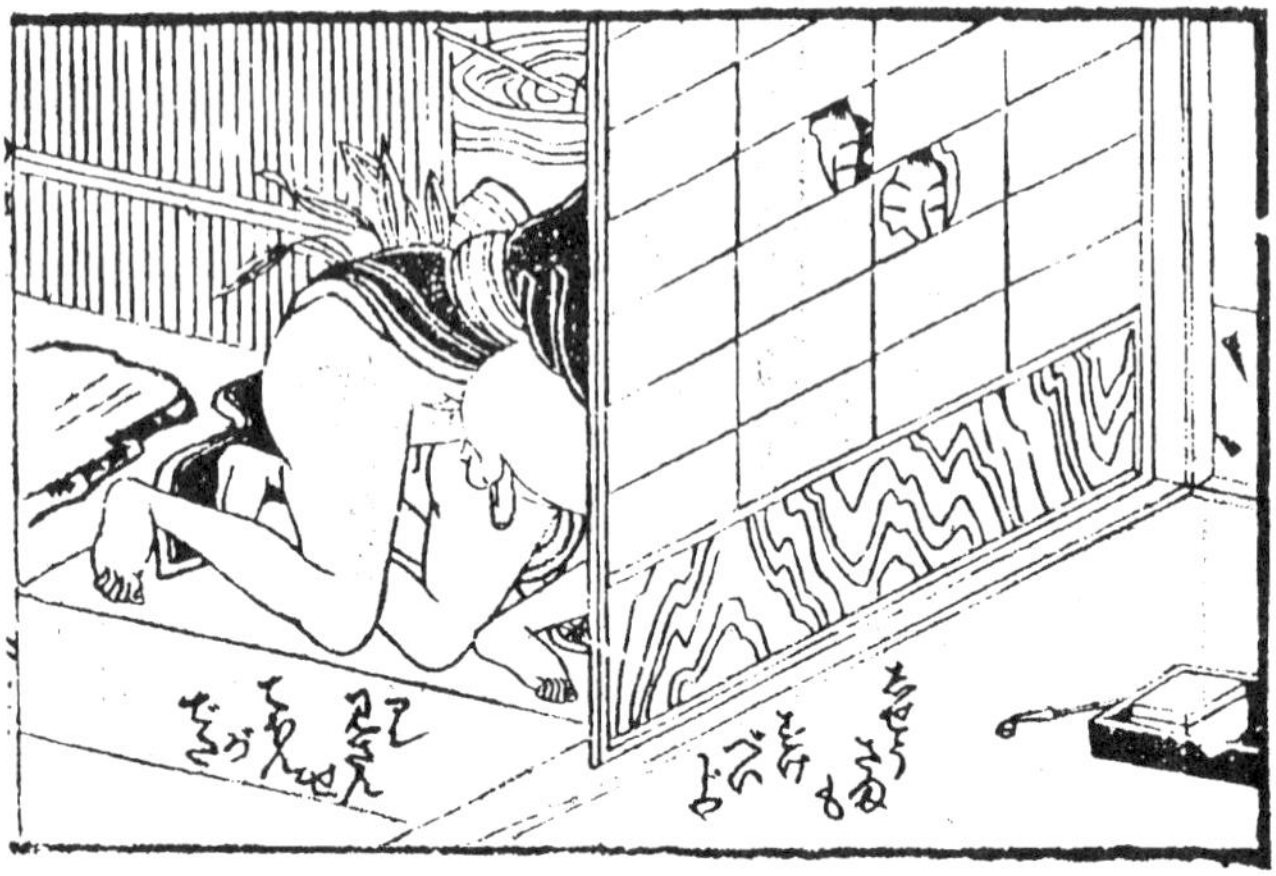

地若衆と『艶道日夜女宝記』（明和期―1770頃）

云ひ鶏冠と云ひ穿脽《せんすい》と云ひ弄屁股と云、梵語に是を狎甎《こうせん》と云ひ唐に翫《かえ》して非道と云、我国にては衆道と云又男色と称ふるなり。此外あまた有るべけれど、我等が浅見此の如し。又只アナといふ時は、皆ボヽと知ると云はるれど、只穴といふ詞にて、誰か開とは悟るべき。其義を以て論じなば、九孔いづれも穴なれど、肛門ひとり其称を専にするをみる時は、是を諸穴の魁首《かいしゅ》と云んもまた誣《しい》たりと云べからず。

とあり、人体にある九穴（両眼・両耳・両鼻孔・口・両便孔）の中で、ひとり肛門のみがその「魁首」であると断じている。

五、小僧は脚気の薬

科学的な根拠は不明であり、この俗信の発祥も分からないが、若い男子と肛交すると脚気の治癒に効果があると言われた。俗に「小僧は脚気の薬」と言う。小咄『正直咄大鑑《しょうじきはなしおおかがみ》』（元禄七—一六九四）に、次の一文がある。

芝土器常笑寺に、寒龍といふて十四五になる小僧あり。心ざましどけなく、とりなりなよなよと、ものうちいひたる言葉、つよならぬありさま、楊柳の観音《かんのん》とも言ひつべし。ある時、懇《ねんご》ろなる旦那、夜更《ふ》くるまで遊び留《とど》まりたれば、伽《とぎ》にとて、かの小僧を側《そば》に寝《ね》かせたり。旦那思ひけるは、「まことや小僧は脚気《かっけ》の薬と聞く、一つは薬喰《くすりぐ》いのためなり。又お寺に住むからは、器量《きりよう》はよし、気は通りてこそあらめ」と思ひ、懐の内に入りても、なるほど静かなり。まことに不思議の御縁《ごえん》にてなど言ひながら、そろそろものしける。静か成《なる》こそことわりかな。なるほどよく寝入《ねい》りたるが、いまわの時《とき》目を覚《さ》まし、そのまま撥《は》ね起《お》きて、殊《こと》の外《ほか》腹を立ち、「そこな客人《きやくじん》づらめ。おらがお寺のおれを、穴無しじゃとおっしゃったに、よく開《あ》けおった」と、とっとっ縁側に駆《か》け出《い》で、手水鉢《ちょうずばち》の水を瓢一杯《ひさごいっぱい》持ち来て、どくどくと飲み、「是《これ》が漏《も》ったらきかぬほどに」と言うた。

これは初めて後庭華を抜かれた寺小姓の笑い話である。性質も幼く容姿も女のようで、口を利く言葉も優雅で、柳が風に靡《なび》いているような慈悲深い楊柳観音《ようりゆうかんのん》とも言えそうな小僧である。寺に昵懇なある旦那が夜泊することになった。夜のつれづれを慰める話し相手として、この小僧を旦那の側に寝かせた。旦那は「小僧は脚気の薬と聞いている。その薬喰いとして味わってみよう。寺にいるからには、容貌も悪く無く、その経験は重ねている筈だ」と一人合点して、蒲団の中に入って添い寝をした。小僧は、こうなることも認識しているかのように、神妙にしている。旦那は「ほんとうに前世から結ばれる縁であるぞ」と言いながら、動きも柔らかに小僧に肛交を仕掛けた。小僧が静かであるのも道理で、ぐっすりと寝込んでいたのである。旦那は強く抽送し、いまや快感が嵩まり射精寸前という時に、さすがに小僧が目覚め、そのまま跳ね起きて、不意の行為に立腹して「お客様然としている方よ。おれのお寺の師匠が、おれがお召しに応じないので穴無しと仰っているのに、よくぞ穴を開けてくれたな」と言って、素早く縁側に走り出て、手水鉢の水を柄杓に一杯持って来て、どくどくと飲み込んで、「この水が、いま開いた穴から洩れたら、承知しないぞ」と叫んだ、という訳である。

子供心に、尻に大きな穴が開いたと思い込んだ可笑しさである。交合専門の器官を持つ女でさえ、初交を終えると、股間に棒状の物がまだ挟まっていると思うくらいであるから、少年の場合は、こんな実感をするのは無理からぬことであろう。そして、ここに「小僧は脚気の薬」という通念があったことが明確化されている。これと、ほとんど同じ内容であるが、文献資料の提示の意味で、もう一つ紹介する。『逸著聞集《いつちよもんじゆう》』の第二十六話である。

山崎宝寺《たからでら》のなにがし坊のもとへ、京の旦越《だんおち》の方より、ものやるとて童子《わらわ》してもておこせたり。その返辞《かえしごと》するほどそこに居よとて、文書きながらかために見やれば、十三四ばかりのほどにて、まだきびはなるが、つまばづれいと清げなりければ、「あはれよきものかな、これ布施物《ふせもの》には賜はらんものを」と思ひて、かへし文果てて「こちに是わたいてん」と寄り来る

戸外で丁稚との取り組み
『忠臣蔵柳多留守』二編（嘉永期―1850頃）
十段目。「戦ひはフウとスウとのあひ言葉」
いご「アア、いたい、いたい、いたい。われらはおなごのかはり、いろになれとて、こんなまらでほられた」良ちく「だいいち、おかまはつうじのめうやく、だいりういらずのくだしぐすり、一トまはりほど、しんばう、しんばう」よし松「ぼうにも、おかまをわらせておくれよウ」

を、引き捉へ押し伏せて、物をも言はでひたひたと突き入るるに、思はずの事なれば、とかく否なむべきひまもあらで、念んじて思ふままにさせぬ。さて抜き出すをば待たで、つとはしり行きて、金椀《かなまり》に有《あり》ける水をつと飲みていふやう、「もし、この水の洩《も》るほどならば、わ御坊《ごぼう》、やはかのどかにては、置き参らすまじきものを」と言ひける。わらはの意《こころ》には、さ思ひけんも、いとをかしくこそ。

これも、十三四歳の繊細で可愛らしい美童を、その寺の住職が御布施ものとして頂戴する話である。不意に押し伏せて「ひたひたと突き入るる」のであるが、唾を潤滑剤にしたとしても、そんなに容易に挿入出来るかどうかは疑わしい。童子は「念んじて」(我慢して)させた後に、住職が完遂して自分から抜去する以前に、童子は飛び起きて水を飲む。この「水が洩れたら、ただでは置かぬぞ」という箇所は、前の文献と同想である。『逸著聞集』は、『正直咄大鑑』の逸話を換骨奪胎《かんこつだったい》したものであろう。川柳には、

お住持《じゅうじ》の脚気は治り小僧は痔《じ》(潘山瓦長両評・享保中期)

という、そのものずばりを言った句がある。寺の住職の要求通りに実践したところ、見事に住職の脚気は全快したが、そのため小僧は痔持ちになってしまったという現実である。

弟子になりゃ脚気の薬なんどとて(宝十宮2)

お寺に弟子入りすることになったが、見習いの小僧は脚気の薬になるからなどという流言があ

るのを知って、弟子入りを躊躇している状況である。普通の男児は、肛交の練習など、行ったことは無いから、やはり恐怖心が付きまとうのである。
また、東里山人『田舎通言駅路之鈴《いなかつうげんえきろのすず》』（文化八—一八一一）という珍文献がある。その中の一節に、

それにハァ、和尚殿がうらが男振りになびき申して、脚気の薬だァから、お釜になってくれろとすすめ申したによって、あにも浮世の暮しだァとあきらめて見ても、唯さァおみどの事べい計《ばか》り苦《く》に病《や》め申して、片心《かたごころ》に引かかり申す。

という田舎男の台詞がある。ここにも若衆との肛交が「脚気の薬」であるとの記述がある。

脚気の薬にと玄恵《げんえ》追ひ廻し（末四24）

玄恵は、鎌倉時代の学僧で、後醍醐天皇に仕えた。天皇は倒幕の密議が漏れぬようにと、玄恵に常に書を講じさせ、時には無礼講などを催したと言われる。この乱痴気騒ぎの無礼講の時に、玄恵は若い僧侶であったので、第三者から男色を強いられたようである。句に、

脚気の薬だと玄恵とつかまり（安七義5）

ともあり、このような事実が無かったとは言い切れない。

六、男色嗜好の男たち

1、狙われる御用聞・樽拾い

一般に、潤滑剤に事欠くとは言いながらも、女との交合よりも肛交の方が締まりが格段によく、快味が多いとされる。

表門より裏門はしまりよし（五六8）

城の大手門にしても、屋敷の表門にしても、いつも通行に供するので、通常は開けたままになっている。それに比して裏門は非常用であるから、常に閉ざされているので、締め具合も堅固である。これが表意であるが、隠れた意味として、肛交の方が女陰との交合よりも締まり具合が優れているということである。この快味の追求のために、肛交を欲する男も居たであろうが、各地方の性愛文化の風習ということもあったようである。

お長屋《ながや》で破穴《はけつ》して来るふすま売り（末四六）

「ふすま」は、小麦を挽いたかすである。これは洗い粉にもなるが、主に牛馬の飼料や小鳥の餌などに使われた。この「ふすま」を売る若い行商人が、大名屋敷などの厩番の長屋に商売に行って、その三下奴などに捕まり、男色を強要されたのである。「破穴」は男色用語で、初めて肛門へ男根を貫入されることである。『弘法大師一巻之書』の「尻突き様の事」の一つとして、

一、新はれ仕出破穴といふ仕様あり。是は大なる閇をもち乍ら少しもしめさず、ふつとぶっ込む也。大に痛むなり。

とある。無理に犯す時に、一気に力ずくで貫入する法であるようだ。川柳の世界では、薩摩屋敷では男色が盛んであったことを述べている。

酒屋の御用聞きは、少年たちである。御用または樽拾いと呼ばれる。少年たちは、各家や長屋を廻って御用を聞き、酒樽などを出前する。そして預けた酒樽を探しては持ち帰る。

酒買って尻をされるは樽拾ひ（安八梅3）

飯炊き小僧に仕掛ける下男『婚礼秘事袋』（宝暦元—1751）
下男「此ぼうずめも、きらく川をふろへ入て、よろこばせう」
小僧「しずかにせんと、いたいいたい」

「酒買って尻を切られる」という俗言がある。何かに付けて都合が悪いという意味に使われるが、その言葉を援用して、酒を買ってくれるというので届けた所、それを口実にされて破穴されたのである。

大名屋敷の長屋に住む下級武士たちは、金銭に乏しいためにいつも女旱《おんなひでり》ということもあるが、やはり男色に嗜好のある者たちもいたようである。

大部屋の隅へ御用をおったおし（安七礼4）

御用聞きにいった少年。長屋の屈強な男に捕まって、「ちょうどいい、ちょっとお前の釜を貸せ」などと押し倒され、後ろから無理に破穴を迫られる。痛烈な経験をした御用は、もう御免だとばかりに、その長屋には寄りつかない。

けつをするさかいと御用寄り付かず（安六義6）

たまに注文があって酒樽を届けに行っても、この前のことがあるから、樽を投げ捨てるように置いて、一目散に逃げ帰る。

樽《たる》を捨て尻を捲《ま》くって御用逃げ（安六智5）

店の主人から、あの武家屋敷に預けてある徳利を取りに行くように命じられても、

若衆との肛交『木曽開道　旅寝の手枕』（安政三―1856）
「いたいやうで、いいやうで。ウンウン」

けつをされますと徳利取って来ず（安五桜4）

ということになる。そして、御用同士の情報で、あの路地にある屋敷に行くと、ひどい目に遭わされるということが広まる。

けつ路地と名を付け御用寄り付かず（安九鶴2）

「けつ路地」というあだ名を付けて、そこに行くのは敬遠することになる。また、腕ずくで強要するのでは無く、金を遣るから頼むという場合もある。

百穴《ひゃっけつ》で御用を口説く安浅黄《やすあさぎ》（一〇二19）

殿様の参勤交代に従って、江戸に来た勤番侍である。いつも浅黄色の羽織裏を着ていたので、「浅黄」または「浅黄裏」と呼ばれる。野暮の骨頂として遊廓などでも、蔑みの対象となっている。穴空きの一文銭で百枚、つまり百文を出して「これでどうかな。わしの言うことをきけば、これを差し上げるぞ」と、御用が口説かれたのである。穴空き銭「百穴」の「穴《けつ》」が「尻穴」に掛かっている趣向である。

『男倡新宗玄々経』に、

何の情もなき小童、小丁児の類を腕づくで交りに及ものあり。是は只其犯す事を好むものにして、衆道を愛するにはあらず。此輩には狼に前髪かつら著せて当てがうても、一穴道あらば満足すべき事也。

とあり、ただ一穴だけを腕ずくで狙うのは衆道からは外れていると述べる。しかし、この類の輩が居たのも事実である。屋敷の長屋住まいの者たちだけで無く、市井の生活者の中にも好き者たちはいたのである。

壱人《ひとり》ものある日御用《ごよう》を叫ばせる（安五義5）

一人住まいの男の所へ、商いに行った酒屋の御用である。「かわいい奴だ。ちょっとこっちへ来い」などと言って、押さえ付ける。ぱっと着物の裾を捲くって、御用の尻に一物を突き立てる。「オオ、痛いから堪忍してくれ！」と御用は絶叫することになる。

かみさんを持ちなと御用逃げて出る（安七義5）

これも同様な場面である。手籠《てご》めに遭いそうになったので、「おれは嫌だ。早くかみさんを持ちなよ」と投げ台詞を吐いて、遁走した酒屋の御用である。

2、呉服の大店《おおだな》の丁稚小僧も狙われる

日本橋本町に店があった呉服の越後屋《えちごや》は、現在の三越百貨店の前身である。この大店には、数百人の従業人がいたと言われる。単なる使い走りの小僧から、丁稚、手代、番頭、大番頭に至るまで、多くの男たちが呉服商いに従事し、寝泊まりも共にしていた。呉服商の大店と言うと、越後屋に代表されるが、これ以外にも松坂屋、白木屋、大丸、恵比須屋、布袋屋、亀屋、浜田屋などの大店もあった。これらの従業者は、役どころによる職階性が厳しく、上役からの監督が行き届いていた。

客には女性客も大勢いるが、店業以外の実生活では女は皆無であったから、性欲の捌け口は、当然下役の男に向けられ、特に若い小僧などは上役からの要求を受けることになる。

けつをする役割を貼る呉服店　（安八梅3）

客を接待する各帳場には、その上の壁に担当者の名前が紙片に書かれて、ずらりと貼ってある。客に名前を知らせるためであるが、大番頭、手代、丁

番頭と丁稚小僧の関係
『誹風種瓢子』十一集（弘化三―1846）
「淋しさに番頭うらをしめに出る」

稚、走り使いというように、名が列挙されている。それを見ると、上役が次の下役を、その下役はその次の下役を、と男色をする順番を公示しているように見えるということである。一般の庶民たちにも、男所帯の大店では、密かに男色が行われているという、ささやかな情報が流れていた証拠である。

伴頭《ばんとう》に釜を貸すのは朝寝する（末四五）

番頭に仕掛けられて、行為を受け入れた丁稚小僧である。番頭のお手付きになったことは、すぐに内々に知れ渡るから、その小僧は番頭の威光を笠に着て、早朝の炊事や掃除に早起きさせずに、のうのうと朝寝をするのである。

けつをする内《うち》は番頭怖《こわ》くなし（天三礼2）

大店の番頭と言えば、現代の大会社の重役

丁稚と番頭『女大楽宝開』
丁稚「外の子ども衆より、わたしをかはゆがってくださりますかへ」
番頭「そちがようなでっちは、又有まい。やどばいりを、はやうさせるぞ」

に相当する。苦労してその地位まで上った男であるから、その命令には絶対に従わねばならない。その番頭も、性欲発散のために、見目よい小僧に目を付け、言葉巧みに手なずける。店の仕事なども、その小僧には手加減をしたり、何かと融通を付ける。小僧と肛交をし続けている間は、番頭の稚児としてその恩恵に与かれるのである。この関係が途絶えると、さあ大変という訳である。もう稚児さんでなくなれば、厳格な上役としての番頭に戻ることになる。

さて、これらの地若衆たちとの男色では、なよなよとした女と見紛うばかりの少年が標的にされる訳で、普通の庶民たちの意識の中にも男色を容認している傾向がある。

色男ちっとかそっと痔持ち也《なり》（明二桜4）

肛交をされ続けていると、痔疾に陥ることは常識であった。そこで、色男は男との肛交の経験者であるため、少しは痔の気があるという訳である。

丁稚の後を狙う番頭『道行恋濃婦登佐男』（享和二—1802）

男女の道を知っている美少年（一二四別43）
色白の優男は、年少の頃には男たちとの愛の交歓を体験し、年長じるにつれて女たちとの情事も経験し、色道二道を熟知することになる。

3、「島屋の番頭」事件

小伝馬町一丁目に「島屋吉兵衛」という呉服店があった。この店の番頭が小僧に肛交を強要したことが表沙汰となり、世間の評判となった。弘化元年（一八四四）のことである。

『天言筆記』（文政～嘉永──一八二〇～一八五二）には、当時の流行の童謡が記録されている。

島屋の番頭、ケツホリ番頭、小僧は難儀、早桶《かんおけ》だんのう、丸焼だんよう。

さらに『藤岡屋日記』には、
去る天保辰年（弘化元年に当たる）正月五日の事なるよし。小伝馬町一丁目に島屋吉兵衛といふ呉服店の番頭、上州ものにて小僧の後門を男色致し、小僧気絶致せしより、宿より六ッ箇敷掛合、金子にて事済みたるが、番頭は暇を出さる。其番頭、後に吉原町川津屋（新吉原京町二丁目河津屋鉄五郎方）へ住込しが、此度の大火（弘化二年十二月五日）にて丸焼になりしとて、謡ひ出せしなり。尤も此頃一の飴売あり、長崎丸山名物もりもりだんよ、まるまるだんよ、其こと、だんよと節をつけて呼び来たれり、これにならひたるものならん。

と、詳細が記されている。上州出身のある番頭が、小僧の後庭華を無理に狙って、そこに貫通させたのはいいが、小僧は痛さに気絶し、恐らく損傷を負ったのではなかろうか。小僧は請宿《うけやど》（就職斡旋所）に訴えて、請宿の者が代行して損害賠償の請求をし、番頭は金銭で処理するはめに至ったのである。番頭はくびになり、別の奉公先へ移ったが、そこが丸焼けになるという椿事になり、釜掘り番頭の報いのような仕儀になったのである。

噂を広めるのが好きな江戸の庶民たちは、当時流行の飴売りの触り声の調子に合わせて、「島屋の番頭、ケツホリ番頭、小僧は難儀、早桶だんのう、丸焼だんよう」と歌ったのである。弘化二年の暮れ頃から流行りだし、弘化三年はたまたま丙午の年でもあって、子供を産むことを控え

島屋の番頭の風刺
『面白さうし』
（嘉永頃—1850頃）
「まらやき芋」「島屋の番頭しらねども、釜から抜きたてまら焼きは、火のやうになってけむが出る」

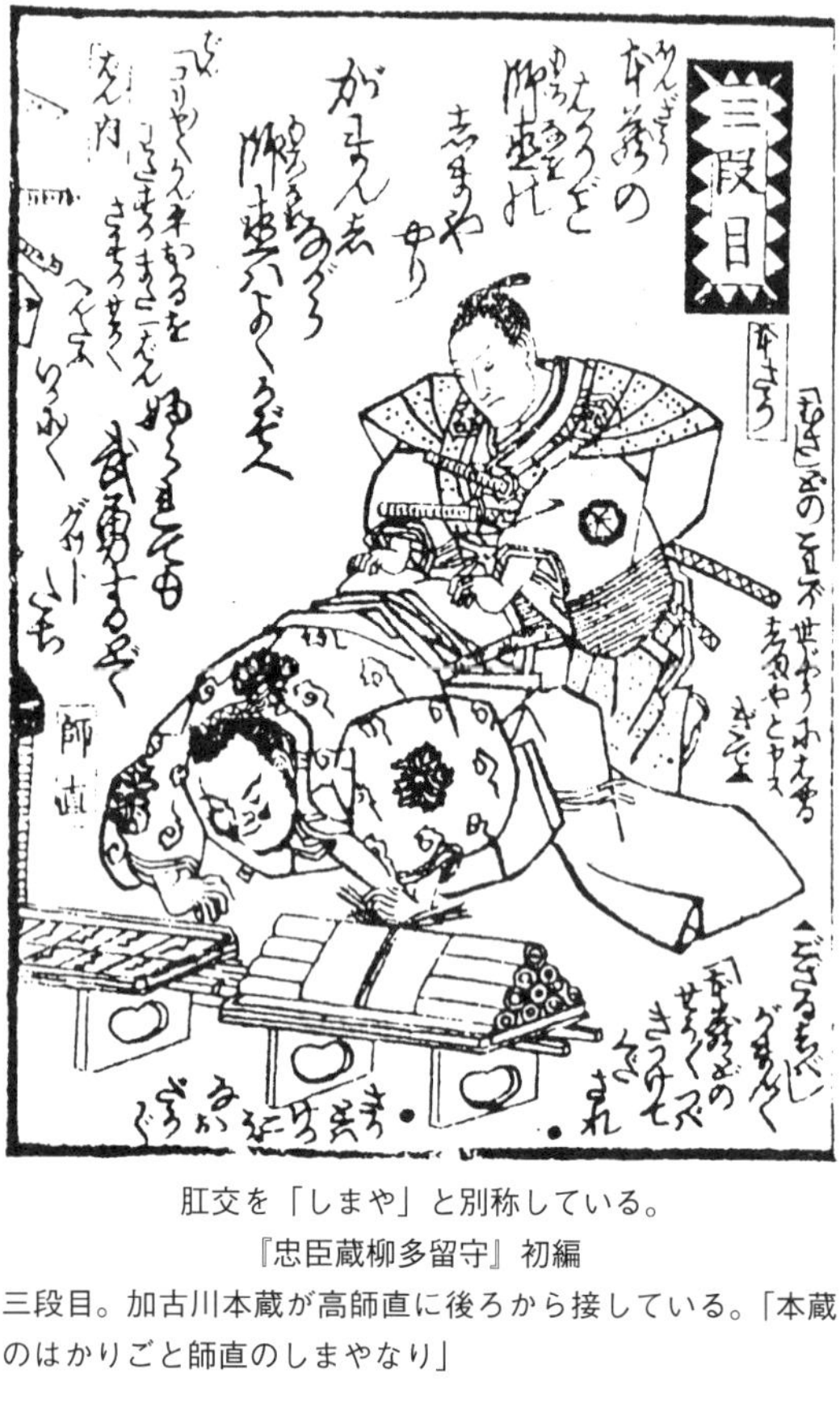

肛交を「しまや」と別称している。
『忠臣蔵柳多留守』初編
三段目。加古川本蔵が高師直に後ろから接している。「本蔵のはかりごと師直のしまやなり」

る傾向にあり、話題に事欠くこともあって、この童謡が蔓延したと言われる。この頃の瓦版にも、

花のお江戸に、おゐどをほりて、そこでばんとうのしりがあがる、どこのまたばんと、しまやのばんと、そのわけだんよ。

とある。川柳にも詠まれている。

島屋の番頭子供等は見ると逃げ（誹風種瓢子《たねふくべ》十一10）

噂を耳にしている子供たちは、そんな災難を背負ってはかなわないと、島屋の他の番頭に会っても、逃げ出すのである。

島屋でもいいには小町ちと困り（川柳辞彙）

穴なし小町と言われる小野小町。前門が塞がっているならば、後門でもいいよと言われたなら、さぞや小町は困惑するだろうという想像である。ここでは「島屋」が男

島屋の番頭
『誹風種瓢子』十一集

色（肛交）の代名詞に使われている。
この「島屋の番頭」事件は、家内の愛欲行為が、ふと外界へ洩れたために広がった、人間の業の悲喜劇というべきであろう。
著者の手元に『星月夜《ほしづくよ》糸之調《いとのしらべ》』という艶本がある。その中に「はやりうた」〈しまや〉と題した絵がある。この「はやりうた」というのは、当時流行った「だんよ節」のことで、島屋の番頭をテーマにした、それを示唆している。絵は若き男女が同衾している図柄で、詞書に「今夜夢の見たさよ三日の朝」とあり、正月二日の晩の初夢の場面であろう。若い男の夢を描いた吹き出し絵には、番頭と丁稚の肛交の姿態が単色で表出されている。初夢に期待する男と女の性の違いを表していることになる。そして、提示した白黒の挿絵では判然としないだろうが、絵の左下の詞書に、「ゆめにあらわすところのそのわけは、しまやのじっせつこうへんにくわしくしるす」とある。そこで、後編を見ると、
折しも西山東山入相つくる鐘諸共、表をよぎる京商人、菓子昆布に豆ねぢの箱を肩に掛け、「みづから万りきよろゥよろゥ」と呼びながら、つかたねの枕元、番頭「コレ、久松久松」と起こされて、「ハイハイハイ」と言いながら、中の間へ連れられけるが、番頭しげしげと丁稚の顔をばながめ、「是、てめへはマァ、顔に似合ぬ大こん物、おれがとうからでかけやうと思って居たら、先を越された、それはそれ、手前、おれのいふ事をきけ」と往生づくめで、丁稚の菊座、大すぼけの一物にて、つばきたっぷりぬらぬらと、ぐっとおしこむはりあひに延ばす手の先行灯へふつり、「アイアイ」と言えば、二人は目を覚まし、「どふしたのだ

男の願望は肛交

『星月夜糸之調』(弘化頃―1845以降)

正月二日の初夢。男の夢は、店の丁稚と肛交。当時の男の性意識がわかる。

上図の吹き出しの肛交図

へ」「ハイ、こんな物でござります」と短冊を出す。「今、是をくれたと思ったら、目がさめました」。見せる。短冊『男色。女郎花なまめきたてるかげよりも、うしろめたしやふちはかまごし』。「いやなうただねへ」久松「なぜでござります」「私や、夢の御告げと思ったら、こりゃ、寝ぼけさんだヨ」小僧「くさめ、ハクショ」

とあり、作者の楽屋落ち的な咄にしている。番頭が女郎買いに出掛けようとしたら、他の番頭が忍び出てしまったので、自分が出掛ける訳には行かず、丁稚に肛交を強いるが、その物音で他の小僧たちも目覚め、当時の流行り歌を短冊に書いて差し出すという趣向で、単なる戯むれとなっている。

しかし、ある艶本の紹介記事に、『星月夜《ほしづくよ》糸之調《いとのしらべ》』の成立年代を天保期頃（一八四〇頃）としているが、島屋の番頭事件を題材としているので、この作品は天保よりも下って、弘化二年（一八四五）以後ということが判明する。

4、女色とともに

当時の色道指南書を繙くと、女色の楽しさやその技法を詳細に述べた後に、必ずと言ってよい程、男色についての心得が説かれている。そして、

ちょっちょっと陰間を買って偏《かたよ》らず（明元松4）

という句に遭遇した時に、当時の色道の奥深さに感嘆せずにはいられなかった。女色も深く嗜

み、それだけに偏することなく男色をも究めることが、色道としての正道であるという認識なのである。これは、単に物珍しさや快美感の追求というだけでは無しに、女色と男色の二道を探究することこそ、この道の神髄であるということなのである。『子犬つれづれ』（寛政末―一七九九頃）に、

　あらばちのこと心に忘れず、若衆の道うとからぬ、心にくし。

とあり、女色と男色の両道に触れている。

また、『根《ね》南《な》志《し》具《ぐ》佐《さ》一之巻』（宝暦十三―一七六三）には、

　譬ば女色はその甘きこと蜜のごとく、男色は淡こと水のごとし。無味の味は佳境に入らずんば知りがたし。

とあって、当時の知識人の平賀源内の

伊勢参りの若衆と『旅枕五十三次』（安政頃―1855頃）

若衆「おいらもなんだか、いい心持ちになったから、もっとねじり込でもいいよ」
男「どうりでてめへもおやかしたな。おれもたまらなくいいこころもちだから、口をすはせてくれ。そのかわり、こんやいっしょにとめて、てめへにも女をかってぼぼをさせてやるは」

『風流色貝合』（宝永八―1711）
女と交合している若衆の後から
男が若衆に肛交している。
「ほうだらや児手柏の脈《もち》上手」

『百人一出拭紙箱』
年増女と若い者との交合の真っ最中に、若者の後庭華に挿入する
壮年男との三人の取組図。

男色と女色と『欠題物』（天和期―1684頃）
小姓と腰元の双方に戯れる。

男と若衆と女と
杉村治兵衛『欠題』（貞享頃―1686頃）
男の上に後向きに肛交している若衆が、女とも交合している。

趣向が述べられる。彼は男色趣味が高じて、美童の陰間を囲ったといわれるほどであった。

元禄文化の一翼を担った浮世草子の作者の井原西鶴は、『男色大鑑』（貞享四―一六八七）の大著を著しているが、これは主に武家社会の衆道を描いている。その中の一節に、

> 惣じて、女の心ざしをたとへていはば、花は咲きながら、藤づるのねじれたるがごとし。若衆は、針ありながら初梅にひとしく、えならぬ匂ひふかし。ここをもっておもひわくれば、女《じよ》を捨て男《なん》にかたむくべし。（略）なんぞ好色一代男とて、多くの金銀諸々の女につひやしぬ。只遊興は男色ぞかし。

とあり、衆道の爽快さを讃えている。

女一人に男が二人『枕説色掃溜』（文政十二―1829）
女と後背位で接している男の後から肛交する男。

本書で、西鶴の作品を（テーマとして）取り上げなかったのは、その時代性の差異と、数々の研究がなされていること、主に上方の風俗であること等による。また、彼の作品は全集として発刊されており、容易に入手可能なためでもある。本書で取り上げた文献は、一般には手に入り難いものに絞ってあり、その資料的価値が高いと思われるからである。

女色とともに
『極楽遊』（天保三―1832）
若衆と肛交しながら、女の股を弄している男。

七、陰間の生態

1、若衆の花は短い

男娼として身を立てるためには、年少の頃からの習練が必要であった。人の容色を言うのに、目鼻だちが整うという言葉がある。当時、目は整形出来なかったが、鼻は常日頃撮んでいれば、高くすることが出来る。『女大楽宝開』の「若衆仕立様の事」には、その養育ぶりの凄まじさが説かれている。全文では煩雑になるので、要所のみを引用する。

一、衆道を立たつるに、ふつつかなる這出《はいで》を、子飼いより抱え取りて、例えば見目《みめ》よき生れ付《つき》にても、すぐさま突出《つきだ》しにはならず、或《ある》いは顔に色気有《あり》、又目元風俗卑《めもとふうぞくいや》しからずとも、其《その》ままにては情《なさけ》移らず、ふつつかなり。是《これ》を仕立《した》つるに、幼少より顔手足尋常《じんじょう》に、肌理《きめ》美しくする事、第一なり。

男娼として身を立てるには、かなりの仕立て用が必須であると述べる。「這出」は田舎出身である。「突出し」は、初めて客を取ること。田舎出身の男児を、幼少から養育して、容貌が生ま

若衆の顔
『艶本葉男婦舞喜』（享和二—1802）
「芳潮の若衆」とある。芳町の陰間のことである。女以上に色気が漂う。

れつきよくても、すぐには男娼にはなれない。顔に人を魅惑する色気があっても、目元涼しく美麗であっても、その儘では、客の気持ちを引き付けることは出来ず、不揃いである。そのためには、幼少から肌理《はだ》を磨くことが先決であるという。肌を磨くには、石榴《ざくろ》の皮《かわ》を水に漬け、それを陰干しにしたものを粉末にして袋に入れる。これで毎日、顔や手足を洗うと効果があると述べている。歯を磨くには、淡竹《はちく》（別名は呉《くれ》竹《たけ》）の笹の葉を灰にしたものを用いる。

又、鼻筋の低きは、十ヲ十一二の時分、毎夜、寝しなに檜の二三寸ぐらいなるにて、此ごとく挟み板を拵え、右の通りに紐を付け、鼻に綿を巻き、その上を右の板にて挟み、左右の紐を後ろにて、面着たる如く結びて寝させば、いかほど低き鼻にても、鼻筋通り、高

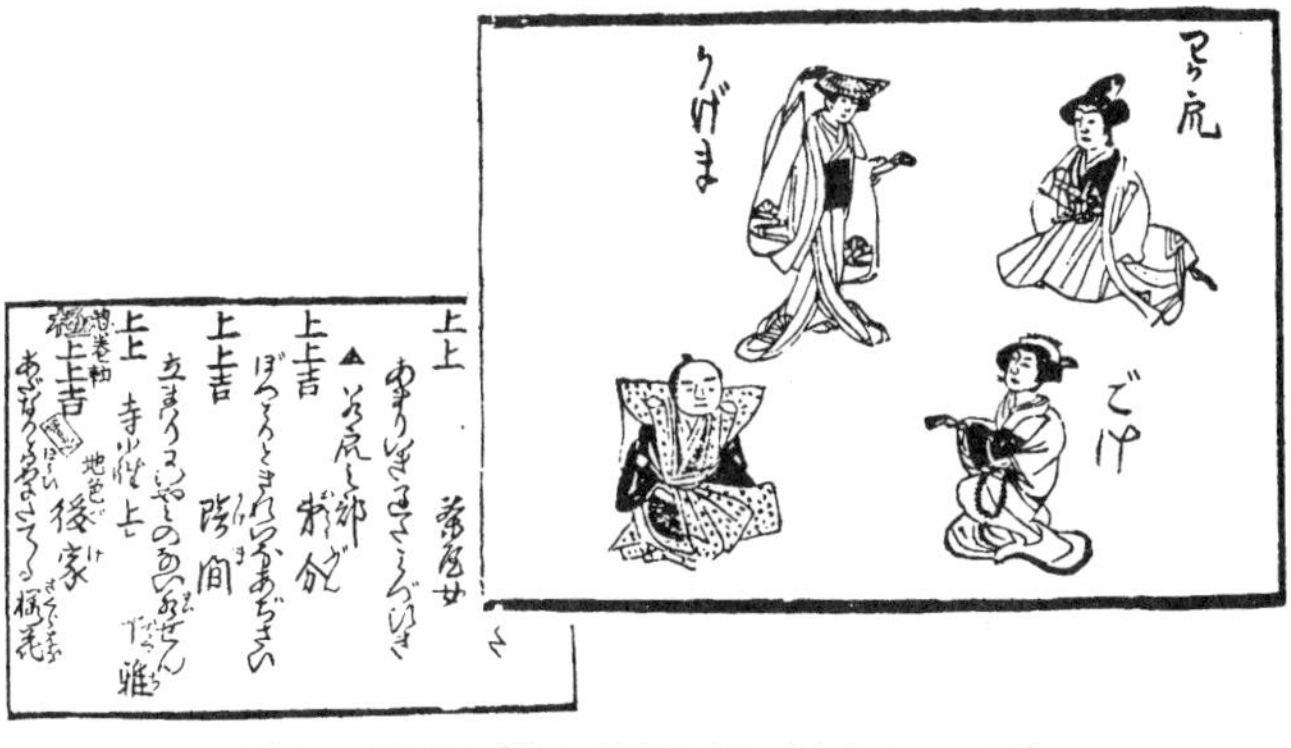

男色の品評録『好色者花笑顔』（安永七—1778）
「艶都之巻　売色之部」の末尾にある。
▲若衆の部
上上吉、弟分。ぼっとりときれいなあぢさい。
上上吉、陰間。立まはりにいやみのない水せん。
上上、寺小姓。上、丁稚。

くなる也。

顔を中高にするために、挟み板で毎晩、鼻を挟んで寝かせる。ちょうどお面を被ったような様子になるが、これを根気よく続ければ、確実に効果が上がると言う。先ず、こうやって容貌や外見の習練を行う。次に、髭や結髪の心得、歌を詠む素養、歩き方、客から酒を汲み貰う姿勢など、様々なカリキュラムがある。食べ物についても制約がある。『男色十寸鏡《なんしょくますかがみ》』（貞享四―一六八七）に、

　第一のたしなみは、喰物成べし。くひやうの法式は、諸礼の書に一々くはしければ、ここにはつくされず。若衆たる人は、膳部の中に匂ひある物は、さらさらくふまじき也。焼きたる魚鳥は、匂ひ有ものなり。さざえの壺入りなどの汁吸ふ事あしし。向ふに引きたる一献やきのうほなどを、手を伸ばして取るも見苦し。毟り喰う態も醜し。浸し物の類、汁ある物を喰ふに、膳の向かひより引き寄せるとて、汁を零したるもうるさし。とろろ汁、納豆汁、奈良茶、蕎麦切の類は、若衆の傍にて

野郎『好色訓蒙図彙』

も、生男は遠慮なく喰ふなり。いかほど強ゐるとても、同じやうにまいるまじき也。

男娼は接客商売と言っても、肌が接する床入りがお定まりであるから、体臭が発する元になるような食物は、一切ご法度と言う訳である。特に、ガス源となる芋類は決して食べないと言う。

芋を喰ふ陰間は部屋で叱られる（七五9）

客とともに芋類を食べた男娼は、その場はそれで過ごしたのであろうが、控の間に戻って来ると、親方や付き人から叱責される。

弘法へ願掛け陰間芋を絶ち　（八九33）

男色の開祖と言われる弘法大師像を拝して、自分の大好物の芋を絶つことを誓うのである。食べてはいけないと言われているが、なかなか止められないという現実であろう。

野郎『絵本御伽品鏡』（享保十五―1730）
「有がたし千日寺の辺りには白の仏や野郎来迎」

紫帽子を被った舞台子『絵本満都鑑』（安永八―1779）
「舞台子の色すがた又一しほに目にとまるけはゐ　ひたいの紫は四季のかきつばたともいふべし。わしがこの宮河町は命でもとんと野郎の花のすがたに」

若衆として男に色を売るのは、実にその盛りが短く、二十五歳に達するともう陰間としての生命は終わりになる。『男色実語教』（元禄九―一六九六）には、

十六歳を若衆の春といふなり。（略）十一より四までを、蕾《つぼ》める花に準《なぞら》へ、十五より八を、盛りの花と極《きわ》め、十九より廿二までを、散《ち》る花となん定《さだ》まりし。（略）また、十二より二十歳まで、九年が間を三つに分けて、三世に比し、三時の心を教たる事あり。十二より四までの三年は、現在に譬《たと》へて主童《しゅどう》と書なり。（略）又十五より八までの三年は、未来に譬へて殊《しゅ》道《どう》と書なり。（略）十八より二十までの三年を、過去に譬へて、主道《しゅどう》とかくなり。（略）此三世をすごすを、若衆の一むかしともいひ、または一期《いちご》ともいふとなり。また白玉の草紙には、七歳より廿五までを若衆の一期とせり。此道を好む者は、三十《みそじ》までをも用ひきにけりとあり。

衆道における春は、十一歳より十四歳までは「蕾める花」であり、十五歳から十八歳までは「盛りの花」であり、十九歳から二十二歳までが「散る花」なのである。また、別の観点から言えば、十二歳から十四歳までが「主童」であり、十五歳より十八歳までが「殊道」であり、十八歳から二十歳までが「主道」と唱えるとしている。したがって、

十六の若衆牡丹《ぼたん》の十日すぎ（あらみ・宝永2）

と句に詠まれる所以である。「十日過ぎる」とは、盛りを過ぎるということで、男娼の十六歳では、そろそろ盛りが過ぎる頃なのである。

十九《つづ》廿歳《はたち》陰間《かげま》にすれば老《おい》の坂《さか》（武十二6）

「老の坂」という成語を使っているが、もう第一線を退いて老境に入るという意で、男娼の十九歳、廿歳は、男客の相手としては不適ということになる。

2、舞台子・飛子・陰間

男娼について詳述しているのは、『三養雑記《さんようざつき》』巻之一（天保十――一八三九）である。

男色は、もと天理にそむける邪淫にて、在家、出家の分ちなく、みないましむべし。（略）吾邦のことは、いはつつじといふ書に、昔よりのことを大かた輯めしるしたれど、今の男色の童は、もと俳優とおなじく、近きころまでもその風ありしが、そをかげまと呼ぶこと、いかなるゆゑともおもひわかずにありしに、（略）人倫訓蒙図彙に、狂言役者、男子を遊女屋の女を抱える如くに抱え置きて、芸をしいれるなり。十四五歳になれば、それぞれ色づくりに芝居へ出し、芸よく名を取れば、我門口に大筆に、誰がやどと名字をしるし、夜は戸口に掛け行灯に名を書付ておくなり。いまだ舞台に出ぬは陰間といふ。他国を巡るを飛子といふと見へたり。心化粧といふ冊子にも、今時、男子を野郎の新部子に売りとあり。新部子とは、歌舞伎事始に、幼少にて芸の至らざるをいふとぞ。（略）陰間は、狂言役者のいまだ舞台へ出ず、陰に置くうちといふこころなるべし。

狂言役者の養成として、幼少の児童を預かるという形式は、上方より始まったらしい。児童た

葛籠に詰められて座敷に出る通子

『諸遊芥子鹿子』

売色禁止の城下では、こんな隠蔽工作をして、陰間を座敷に通わせる。

ちは、役者の候補生として種々の芸を仕込まれ、芸が未熟で使い物にならない内は、「新部子《しんべこ》」と呼ばれ、舞台に登り始めた若衆は「舞台子《ぶたいこ》」と呼ばれる。「陰間《かげま》」は「舞台子」に至らず、陰に置いておく物の称であった。この「陰間」は、別に「色子《いろこ》」とも呼ばれた。「舞台子」でも、まだ一人前の役者になれない者も、「色子」と称される。また、その養成所で芸を仕込まれて、本舞台に登る以前に、田舎廻りで芸の修行に行く者は「飛子《とびこ》」と言う。この修行の間に、十二歳になると肛交の技法が施され、舞台の芸とともに、閨の芸までが仕込まれる。「飛子」の時の苦労については、『野郎絹ふるい』に詳しい。

　御城下によって、売《うり》若衆堅く御吟味《ごぎんみ》強き所は、葛籠《つづら》に入れられて座敷に参り、酒ごとも無く、唄三味線は勿論、高い声するも押さへられて、床《とこ》ばかりの勤め、扨《さて》もやるせなき身の上ぞかし。されども後《のち》には勤めも苦にならず、ずいぶん客数《きやくかず》をして、親方の笑ひ顔を、見ん事を願ふ。（略）旅芝居に行く時も同じ格にて、大夫元《たゆうもと》ぶんの人の、御無心《ごむしん》は身に適《かな》ひたる事ゆへ、幾夜《いくよ》にても、嫌とは言はれず、其《その》時分は金剛《こんごう》がずいぶん気を付けて、五人組《ごにんぐみ》やとふて、声変《こえかわ》りせぬやうに、いましめる事なり。（略）明かりでは頭巾《ずきん》離さず、真桑瓜《まくわうり》、柚味噌《ゆみそ》をくわず、雪隠所《ようどころ》へは、きわまって火灯《ひとも》して行く事也。もし我より先に、不調法《ぶちようほう》なる事してあれば、掃除させて糞《よう》をかなゆるなり。客を勤めた紙を床に残して置かぬやうに、ずいぶんする事、肝心《かんじん》なり。おゐどは指を入れて洗ふ事、もはや此《この》あとは申《もうす》まじ。

　売り若衆の男色が禁じられている御城下では、葛籠に入れられて座敷へ運ばれ、酒も飲まず、唄も三味線も弾かず、声を低くして話し、ただ床入りだけを勤めさせられる。その味気なさの連続で、「扨もやるせなき身の上ぞかし」と嘆く。憂き世を慨嘆してその辛さを実感している。そして客あしらいにも慣れて、肛交技法にも習熟すれば、金銭も大入りとなり、親方の喜ぶ顔が目に浮かぶのである。芝居の巡業に行くと、芝居の興行主の男から夜の伽を請われるが、自分の利益のためだからと、断ることが出来ない。また、この頃には精嚢に精液が溜まる時分なので、金剛（付き人）の指導で、五人組（千ずり）を行って射精する。これは声変わりをしないための秘策であると言う。明るい所では、素顔を見せぬように頭巾を被り、真桑瓜や柚味噌などの体臭に影響ある食物は食べず、雪隠へは明るい時には行かず、我慢を重ねた末に火灯し頃に行く。自分が入るより先に、雪隠が汚れている場合は、綺麗に掃除させてから、やっとのことで糞をすることが出来る。客との床入りでは、始末紙を床に残さぬように細心の注意を払

『風流御長枕』（宝永七—1710）

「とび子」地方を転々とする役者希望の若衆で、客の求めに応じて、後庭華を提供する。

色子との取り組み
『男色山路露』
「謡による恋」とある。謡の会に託つけて色子の美童を呼び、日頃の思いを遂げようとする男。

色子遊び
鈴木春信画『艶色真似ゑもん』(明和七―1770)

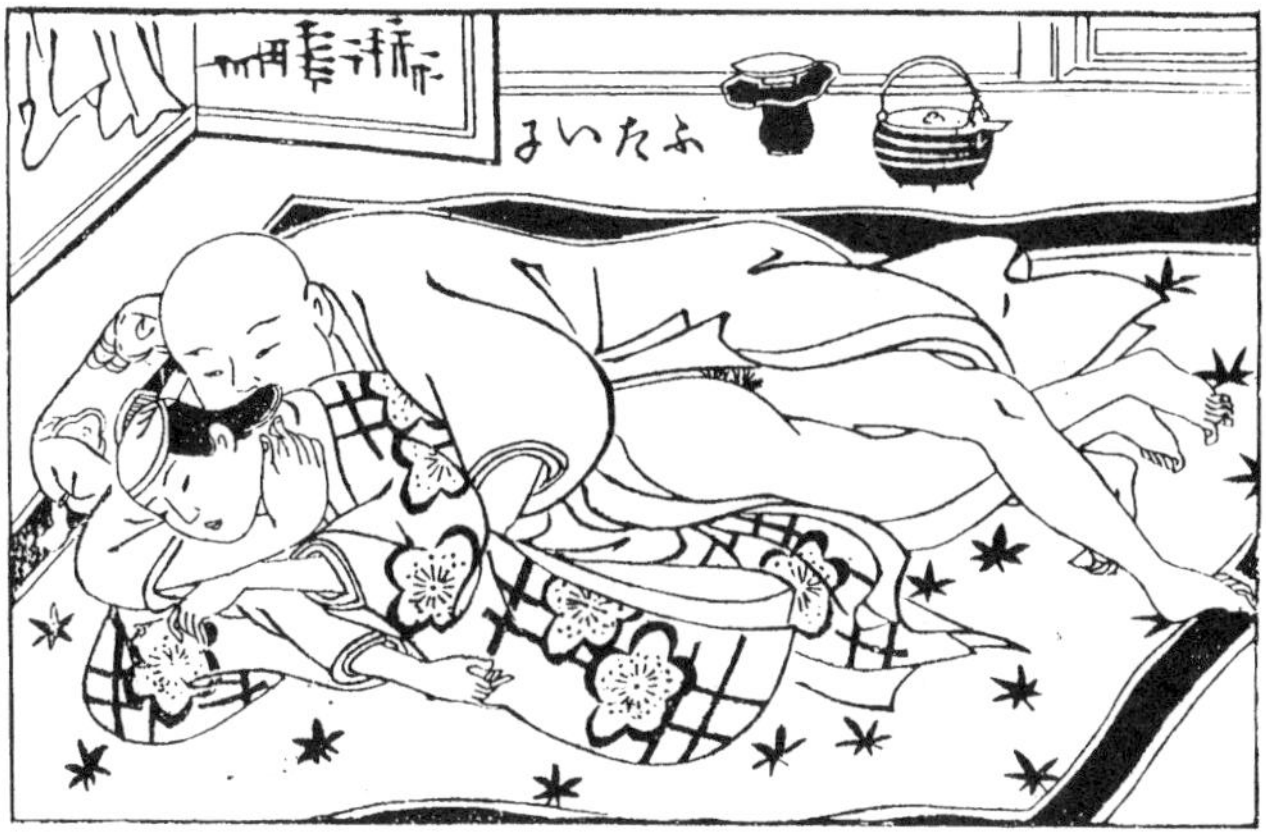

舞台子『風流御長枕』

役者見習いの十四五の若衆。副業として、閨を共にし後庭華を供する。

舞台子『女貞訓下所文庫』

「舞台子の図」とある。

男「女がたのすがたそのままが、しゃうがんしゃうがん」女装束のままで、その旨みを味わおうという所。本手取りで、男の手が舞台子の尻を持ち上げている。

う。自分の肛門には、指を入れて水で洗うことは勿論である。そこまで、この述懐の末尾で、「もはや、これ以上の些細な事は述べない」と結んでいる。まことに壮絶な飛子の実生活である。飛子のやる瀬ない心情と、頼る物がない物哀しさが伝わって来る。

『好色訓蒙図彙』には、

色を売る一種なるを、陰郎陰間《かげろうかげま》なんど言へり。又は旅芝居、市町、諸寺の開帳にて、群集《くんじゅ》の場《にわ》、米取り寺の有辺りへ出張してゐるを、飛子といふ也。抑、野郎の勤め哀しさ、やる方なしとかや。呼ばれて行くにも、壺入を請るにも、喰ひたい物をも思ふ程は喰はず、適々打とけて、してやっても、腹に当たろうかと、気が気でなし。床入しては、やうもないに良い顔をし、鼻持ちがならぬ口にも、口を吸はせ、なまじい煩悩後の鼻息の荒い時に、其に催されて、我前に肌柱の立つもうるさし。痩せぢな道具さへ悲しいに、強骨なに会ふた時には、天にも飛び上がるやうなれど、歯を食ひしばり、汗水になって堪ゆれば、緘をした泪が、はらはらと溢るる、しかのみならず、石垣崩れ侍りて、井戸の普請やむときな

男娼の座敷風景『諸遊芥子鹿子』
「ぶたい子・かげ・飛子」とある。客は、僧侶と武士である。

く、根深の白根を強いて、其上に井ど口を傾ぶけて、蒸し侍ればよいとて、蒸したてたる事、二口が甑もはだし也。

とあり、これまた凄惨な述懐である。腹が悪くならないようにと注意しているので、喰いたい物も喰えず、床入りでは臭気が甚だしい客の口にこちらの口を吸わせ、背後から挿入している客の荒い鼻息で、こちらも催情して自分の男根が勃起するのも厄介である。細めの客の男根でさえ大変なのに、堅くて太い逸物に会った時には、天にも飛び上がるほどの苦痛である。それでも歯を食いしばり、汗水を流して堪えるのである。それだけならまだよいが、そのために肛門の縁が傷付いて、その治療のために、葱の白根を蒸してその箇所に押し当てるのであるが、治療のために甑に二杯もの葱を使ってしまったと述べている。

一人前の役者になる前の「舞台子」は、舞台で役者としての芸を磨くと同時に、客からの要請によって座敷をも勤め、後庭華をも提供したのである。したがって、役者になるという教程に男色の技法が存在したことになる。二十歳以前の舞台子は、華やかに舞台で芸を見せ、別業として座敷に呼ばれて媚を売ったのである。

若君《わかぎみ》になったを和尚《おしよう》買う気なり　（明三仁7）

芝居見物に来た和尚である。舞台で「若君」を演じた年若い舞台子が気に入り、それを男色の相手にしようと、心に決めたのである。また、

牛若《うしわか》になった若衆を聞きにやり（拾九3）

という句もある。舞台で牛若丸に扮した、見目麗しい若衆が凛々しく見え、その容姿に惚れ込む。僧侶なのか、男色好きの金満家なのか、ともかく供の者を使いにやって、茶屋に呼べるかどうかを打診させたのである。

芳町の障子に写る御曹子《おんぞうし》（宝十一梅1）

陰間茶屋で著名な芳町。九郎判官源義経を演じた若衆が、客の要請で舞台の扮装のまま、座敷に招聘された。その役者の影法師が紙障子に写って見えるという情景である。

3、水揚げ

遊女などの水揚げは、初めて客を取り、新鉢を割られるという意味に捉えることが普通である。男娼の場合は、肛門へ男根を受け入れるための訓

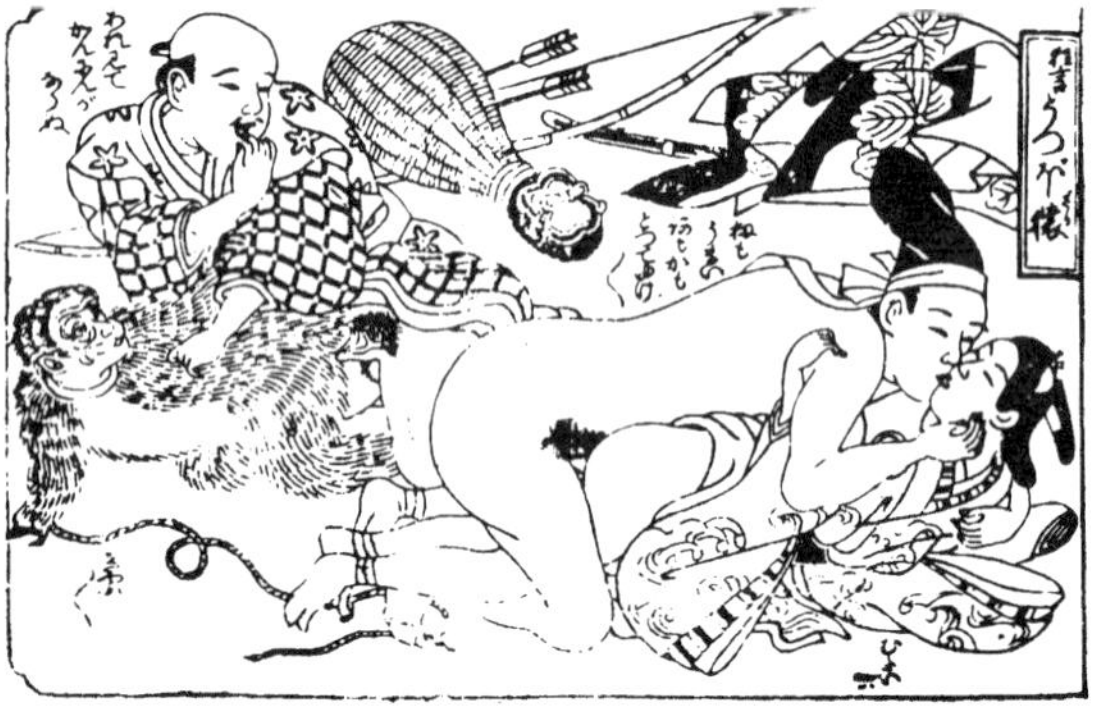

舞台子『婬楽勧進能』（享保前期―1720頃）
狩りの真っ最中に、美麗な舞台子と取り組む。
男「扨もうまい。何もかもとってゆけ、とってゆけ」
供「われ見てかんにんがならぬ」

練を受け、適度に対応が出来るようになったら、初めて客に接する。この男娼の水揚げは必ず通和散のような潤滑剤を用いるのが常道である。

芳町でする水揚《みずあげ》のえらひどさ（明四仁7）

「えらひどい」は、ひどく大変という意味である。準備工作を十分に施しているとはいえ、それは単なる練習であり、肛門を疵付けぬためのものである。親方等が細心の注意を払って行うが、陰間を買った客はそんなに注意をしてくれない。客は女陰とは違った快楽の味を体験したいのであるから、無闇と押し込む事が多いと言われる。今日が水揚げというと、本人も緊張するし、何かと準備する陰間茶屋の人たちの心遣いも大変なものがあった。その初めての晩の、陰間本人と茶屋の騒ぎを述べている。

水揚を屎《くそ》あげと言う陰間茶屋（八五31）

尻の穴との関連で、水揚げでは無く「糞上げ」と言っただけである。しかし、実際の肛交では、排泄物が出ることもあると言う。『弘法大師一巻之書』に、

一、色の少し赤きが宜《よろ》しく、血なき尻は糞出申候《くそでもうしそうろう》。

とあり、別項に「出糞に驚く事勿《ことなか》れ」「糞毒に中《あた》る事勿れ」と戒めているので、そんな場合があったことが了解される。

水揚をしなりくなりがおにをする（明二松4）

「しなりくなり」は、「しなりぐなり」とも言い、「しならぐなら」とも言う。撓《しな》ったりぐにゃついたりの意で、のらりくらりの意でもある。「おに」は、「お若気《にやけ》」の略で、衆道（肛交）のことである。陰間茶屋の男娼の水揚げには、肛交に慣れた客を当てがうのが常である。その熟練の客は、一気に男根を嵌入することはせずに、軟硬自在に男根を操って、技法巧みに、見事に若道（肛交）を完遂させることである。

肛交を専門にさせる陰間にとっては、長くて硬い男根は、受けにくいとされている。『野郎絹

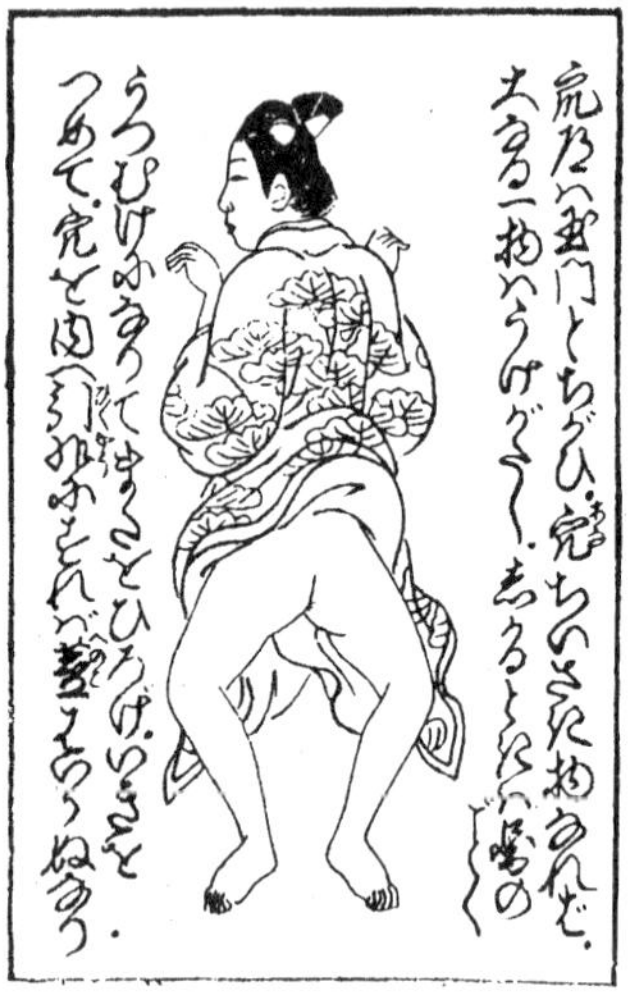

挿入の法
『艶道日夜女宝記』
「衆道は玉門とちがひ、穴ちいさき物なれば、大なる一物はうけがたし。しかるときは、図のごとくうつむけになりて、またをひろげ、いきをつめて、穴を内へ引様（ひくよう）にすれば茎（へのこ）はいりぬなり」

ふるい』の「素股《すまた》」の項で、次のように述べている。

初めての大臣の陰根《もちもの》を、気遣《きづか》いせぬにはあらず。抱《だ》かれて寝《ね》る内《うち》に、まづいらいて、見事な物なれば、くだんの安入散《あんにゅうさん》をお井戸《いど》へも、ろでんへも塗りしなに、手にて二《ふた》しゃくり三《み》しやくり、千摺《せんずり》を掻《か》かして、臨ますなり。是《これ》、大臣に早く仕舞《しま》わせる手練《てれん》なり。其内《そのうち》、ろでん何《なに》ほどに大きくても、柔らかなるはこなしよし。固くて長きは、いくつに成《なつ》ても迷惑なり。是《これ》はぜひ素股《すまた》を以《もつ》て参る。ろでんの挟《はさ》み様《よう》に秘伝《ひでん》ありて、誠《まこと》のおゐどより心よく覚へさすなり。

「いらう」は、手で弄する、いじるの意、「お井戸」は尻の女言葉で、ここでは肛門の意、「露《ろ》転《でん》」は男根、「千摺」は手淫のことで、ここでは激しく男根を握って上下に擦り付けること、「素股」は挿入させたふりをして、内股を密着させた股間交接である。初めての客の男には、まず警戒の念を怠らず、抱かれた時に相手の男根を先ず手で触ってみる。大きな男根ならば、潤滑剤の安入散（第二項、「通和散のこと」を参照）を自分の肛門と、相手の男根にたっぷりと塗り付ける。塗る時に、二回三回と男茎を強く擦って催情感を十分に促す。発射寸前まで相手の興奮を高めるのが、早く射精させるためのコツであり、これが男娼の技法なのである。慣れて来れば、相手の男根がいくら大きくとも、柔らかで硬直していないのは、こなしやすい。いちばん困るのは「固くて長き」物で、これはいくら経験を積んでいても当方には迷惑千万なのである。下手をすれば、肛門に疵が付くからである。こういう物に遭遇した場合には、仕方が無いので「素股」で対応する。挟み方に秘伝があって、ほんものの肛門よりも快感を覚えさせることが出来ると言う。

遊女の場合でも、この「素股」を用いることがあり、いずれも交合の秘法として、野暮客に対応する技法の一つである。

初めての若衆との肛交に際して、その奥義を『好色旅枕』〔江戸版〕では、次のように述べている。

弘法大師ののたまはくは、床入の時、幼少なる若衆は、おゐどの痛むを嫌がるつね也。その時、山椒の粉を少し唾にて練り、おゐどの穴に挟めば、しきりに痒うなるものなり。その後、そろそろと柔はらかにあしらひて、行ふべし。痒みにひかされ、必ず痛みを忘るるもの也。是一大事の秘密也。みだりに人に授くべからず。

「おゐど」は、尻の意である。初交では嵌入される側は、痛みに堪えかねることが多いので、山椒の粉を肛門内に差し入れると、その痒さに紛れて痛みを伴わずに完遂出来るという。これは秘伝中の秘密で、みだりに他人へ教授してはならないと諭している。しかし、この秘伝は、後に巷間に漏れ知られるようになり、幕末の艶本などにも記述されている。

また、肛交を行う側の立場から、その心得を述べている書もある。『閨中紀聞　枕文庫』二編の「若衆買の秘事」である。

一度契《ちぎり》をむすぶ時は、婦人よりも愛欲あつし。もとより逆縁《ぎやくえん》の竅《あな》なれば、自《みずか》ら得心《とくしん》せざれば、へのこを受ける事かたかるべし。其得心するのは、則《すなわち》愛情の女色《じょしょく》にかはらぬ故なり。されば女陰《じょいん》と違ひ、男根《なんこん》を入れること、深からしめずして、抜き差し手荒く為《なす》べからず。まづ犯《おか》さんとする前より、能情《よくじょう》を通《かよ》わして、若衆にてもかれが陰所《いんしょ》をいぢり、とくと其身《そのみ》に淫《いん》欲《よく》をおこさせて、さて其上《そのうえ》にて唾《つば》を多く付けて行ふべし。始めより痛むことなければ、ともに精《せい》を漏《も》らすものなり。

江戸の末期の頃なので、この頃は既に男色は陰間との交渉が殆どであった。これは地若衆との肛交では無くて、陰間との肛交の心得を述べたものである。女陰とは異なり、深く挿入してはならず、抜き差しも激しくしてはならぬと言う。互いに手淫して性欲が高まってから、唾を用いて行うことが肝要なのである。

4、釜破損とその治療

文化年間（一八〇四）の狂歌に次のようにある。

唐丸にいざなはれて、陰間をもとめにゆきて、床に入りけるに、この若衆、にはかに痔の痛み堪えがたしとて、うめきければ、

さしあたり何とせん湯のはひり口釜破損につき今日休み　宿屋飯盛

さて、この歌の作者、宿屋飯盛《やどやのめしもり》（一七五三〜一八三〇。石川雅望の筆名）は当時の著名な国学者・狂歌師であり、数々の業績を残している文化人である。また同行した唐丸は出版業で有名な蔦屋重三郎（一七五〇〜九七）である。二人は、陰間を揚げて遊ぼうということで、いよいよ床入りという時に、その若衆姿の陰間は、急に痔の痛みに襲われて呻き苦しんだので、「手拭いを下げて湯屋に出掛けたところ、直前まで来ると、何と不運なことに、その銭湯の入り口に、釜破損に付き今日休み、という札が下がっている。弱ったことだ」と狂歌を即興で詠んだということ

である。当時の銭湯の急な休業には、「釜破損に付、今日休み」という張札が張ってあるのが常であった。それを援用して洒落たのであるが、「釜」は肛門に通じるし、陰間の痔の痛みを「釜破損」と例えたのである。歌の冒頭は、「さしあたり何とせん」（この直前になっていったいどうしようか）と「銭湯」の「せん」を掛けた趣向である。

恐らく肛交をせずに帰ったものと思われるが、この文化人の男根があまりに巨大であったのを見て、陰間が策略を用いたとも推測できる。

この記録によって、当時の文化人のトップメンバーたちも、男色を好み、数々の体験を重ねたことが了解されるとともに、陰間には持病として「痔疾」が付きまとっていたことが分かる。

痔の神は弘法大師だと思ひ（天七10 25）

弘法大師が男色の道を開いた始祖だとすれば、痔の治癒を祈願する神仏も、この弘法大師だと思い込んで

僧侶の陰間買い『新柳樽』（文久頃—1861頃）
「痔を見てせざるはいさみなき和尚」とある。論語の文句取りの句で、陰間の痔疾を目の当たりにして躊躇している和尚。

いる陰間の気持ちを言う。

痔の治療には、種々の方法や施薬があったが、究極の治療は温泉療法であった。『根南志具佐《ねなしぐさ》』に、

但馬《たじま》の城の崎《きのさき》、箱根の底倉《そこくら》へ湯治する者多きは、皆此男色の有るゆゑなり。

とあり、関東では箱根七湯のうちの底倉温泉が、痔の治療に最適とされている。この温泉は、蛇骨川と宮城野川が合流して、早川になろうとする辺りの深い渓谷にあった。

底倉の山駕籠《やまかご》尻が傷《いた》んでる（一〇四16）

底倉温泉に来るには、小田原から山路が専門の駕籠に乗って来る。険しい坂道を登ったり、下ったりするので、その座席もすぐに傷むという趣旨であるが、真意としては、その駕籠に乗っている客は、痔疾の人たちであるということである。

底倉の湯女《ゆな》はいっそうわうわし（明二梅2）

湯治客の世話をしたり、夜の伽までも応ずる湯女たち。美形の若い陰間がよく来るので、底倉の湯女は陰間に魅惑されて、いつもそわそわして落ちつかないのである。

芳町の釜は箱根で鋳掛《いか》けさせ（五四28）

芳町の陰間茶屋の陰間は、痔を患うとここにやって来て湯治し、破損した釜を修繕したもので

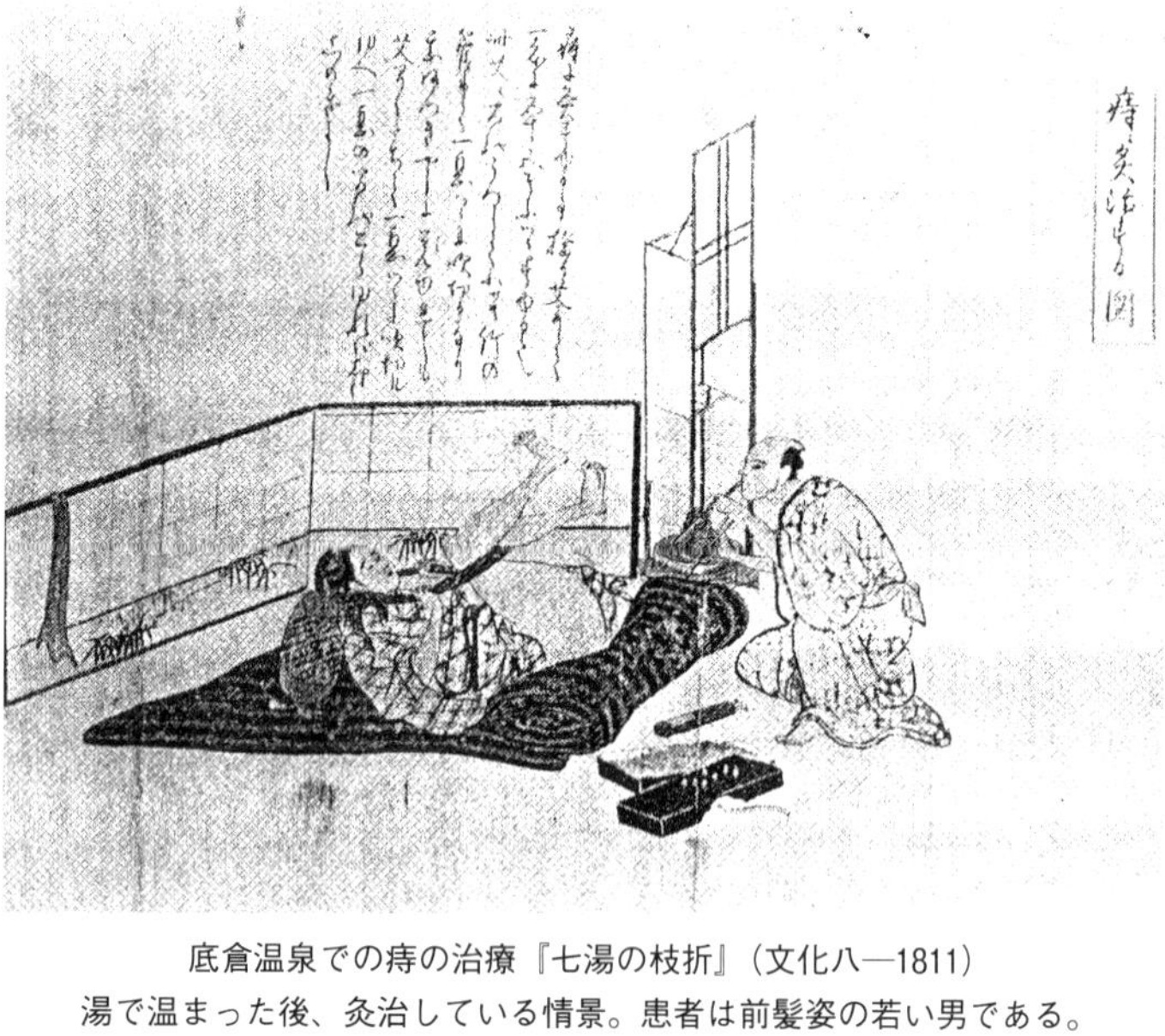

底倉温泉での痔の治療『七湯の枝折』(文化八—1811)
湯で温まった後、灸治している情景。患者は前髪姿の若い男である。

ある。「釜」の縁語で「鋳掛け」を持ち出した趣向である。同様に、

底倉で鋳掛《いか》けて元の釜となり（別中20）

とも詠まれている。また、

底倉へ菊の療治に痔童《じどう》来る（一二〇25）

謡曲「菊慈童」のイメージである。紀元前、周の穆王に寵愛された小姓の菊慈童は、勘気を被り他郷に流され、菊の露を飲んで不老不死となったという伝説がある。穆王に寵愛されたということで、後庭華を提供したという認識と、「菊」が肛門の隠語であるから、男色に結び付けることが多い。そこで、底倉温泉へ「菊の療治」に痔を患った若衆が来るという意味になる。

底倉で見た芳町の美少年（一二三別26）

立居振舞いもなよなよとして、髷を結い、女装束に身を包み、女とも男ともつかぬ十三四の中性的な陰間は、異様な美しさである。その艶冶な風情は、この鄙びた湯治場では異彩を放つのである。「どっかで見たことがあるが。おっ、たしか芳町で」という訳である。

京のことばに馴《な》れる底倉（武十一13）

陰間には関東の少年は、その無骨なゆえに不向きとされ、陰間の多くは京都出身の者が多くい

た。長湯治をしていると、周囲の人々も優雅な京詞に馴れて来るという訳である。

底倉は寺方《てらかた》の名もよく覚え（宝十二義6）湯治宿の人々であろう。陰間が退屈紛れに、自分の馴染み客の話をするので、江戸のどこどこの寺の住職が遊びに来ているかが、分かってしまうのである。『七湯《しちとう》の枝折《しおり》』に、底倉温泉の説明として、

すべて此湯、痔に験ある事、世人の知る所にて、小姓・陰間のたぐひ、常に来り。浴すればにや、何となく人気和らかく、すなほにして情ふかし。

とある。文化年間においても、肛交を受ける若者たちが多く治療に来たことが了解され、この温泉の効能が知れ渡っていたことになる。

八、陰間茶屋の実態

1、陰間茶屋の盛衰

陰間茶屋は、男娼専門の陰子などを呼んで、そこで遊興をする所である。江戸の各所に存在したが、幕府の禁令等のため、時代によって盛衰がある。まず、『塵塚談《ちりづかばなし》』（文化十一―一八一四）を引用する。

男色楼、芳町を第一として、木挽町、湯島天神、糀町天神、塗師町代地、神田花房町、芝神明前、此七ケ所、二三十年巳前まで楼ありけり。近歳は四ケ所絶て、芳町、湯島、神明前のみ残れり。三四十年巳前は、芳町に百人余も有りけるよし。此内より芝居へ出て歌舞するを舞台子といひ、又色子とも称して、四五十人もあり。此色子とも末には皆、役者になれり。女形は、多分此者どもより出来て、上手といふ地位にいたりしも、多く有けるよしなり。古評判記を見て知るべし。既に当時の尾上松緑は舞台子にて有しなり。近年、舞台子絶てなし。然る故に、江戸に女形の種なし。江戸役者の女形は、有りやなしやにして、女形は皆上方役者のみになれり。此節、衒艶郎《かげま》、芳町に十四五人、湯島に十人許《ばかり》も有《ある》よしを聞《きけ》り。宝暦の頃と違ひ減少せし事にて、男色衰へたると見へたり。

陰間茶屋遊び

『新板色里神社仏閣三十三所』（天保期―1830頃）

かげま山不動院。先、よし町を初、湯しまに八丁堀、芝は七軒丁。いづれも此所へおいて、茶屋へよびだしのふり袖は、線香一本の間、御摩代金百疋にて、尻から不動の開帳あり。夫より深川雲光院仁王門によって、きよめの手水は此時なり。釜じめに来る法師はしめられず　しめさせにくるすきな若後家。

※著名な陰間茶屋の在所を挙げ、線香代金一分を出せば、尻を捲って肛交させ、排泄物の匂いを手洗いによって清めるという意の戯文である。僧侶だけでなく、好色な後家の利用が多かったことも、短歌に寓意してある。

この記述から、色々な内容が汲み取れる。歌舞伎役者になるために修行をし、座敷をも勤めるために男色の道も励む、これが舞台子の本道であったが、時代の下降とともに舞台子は無くなり、文化期には色だけを売る陰間だけが養育されることになった。天明年間が陰間茶屋繁盛の一つのピークであったことがわかる。

陰間茶屋と言えば「芳町」と言われるほど、その代表格は芳町であった。『江戸《えど》惣鹿子《そうがのこ》』（元禄二―一六八九）に、

> 堀江六軒町、ふきや新道、茶屋多し。私に葭町といふ。

とあり、『江戸《えど》砂子《すなご》』（享保十七―一七三二）にも、

> 葭町《よしちょう》、私の名。本名、堀江六軒町。

とあって、正確には堀江六軒町、または葺屋新道と言うが、庶民たちには芳町という俗称で知られていた。

芳町の陰間茶屋『絵本吾妻抉』（寛政九―1797）
茶屋の七草の日。階段を上がるのが茶屋入りの陰間。その下に蒲団包みと三味線箱を持つのが、まわし男。

かげま『豊年俵百噺』
(安永四―1775)
「はやるかげま、まわしおとこをよびて、おいどがかゆふてならぬといふ。男、アイ、それはけっこうな事でござります。明日はよい事をおきなされませふ」。俗に、耳が痒いとよい事を聞く、と言われるが、陰間だけに尻が痒いと言ったおかしさ。

陰間茶屋の二階座敷『江戸男色細見菊の園』(明和元―1764)
立て回した屏風に帯が掛かっているので、その向こう側で床入りである。

年寄りの橋を渡ると若衆なり（六一19）

年寄りの橋とは「親父橋」のことで、芳町へ行くにはこの橋を渡る。芝居町の二丁町へ行くにも、この橋を渡る。「年寄り」と「若衆」という対照概念を並べた面白さである。

よし町は狭い所で繁盛し（明三智4）

狭い道路が入り組んでいるので、よくぞこんな所に人々が集まるものだという感嘆であるが、裏の意味として女陰に比して肛門は窮屈であることを暗示している。

芳町をはじめて通り大こまり（傍五18）

ただ、この町を通過するために通った人の述懐である。茶屋に呼ばれた陰間は、供を連れて、編笠を斜めに被ってゆったりと歩いているし、どの茶屋に上がろうかと物色している男どもは居るし、素知らぬ顔つきで陰間買いに来ている後家はいるし、

陰間茶屋の座敷風景
『岡場遊宴之図』（安政頃―1855頃）
「楼上遊宴之図」とある。客の前で、陰間たちが「拳」で遊んでいる。芸子が三味線を弾いている。

まったく場違いな印象を持ったのである。

何の気もないによし丁やかましい（天八10 25）

陰間茶屋の入口では、客の呼び込みもしていたのかも知れない。茶屋に上がるつもりはなく、ただ通行するだけでも、何となく普通の町とは違った喧騒ぶりなのである。芳町に関する川柳は、数百句にも及ぶ。これは、当時の男たちの意識に、男色と芳町という結び付きがいかに濃厚であったかの証である。

『武江年表』の天明年間（一七八〇年代）の記事に、

此時カゲマ屋　芳町、木挽町、湯島天神内、麹町ぬし町代地、神田花房町、芝神明前、市

八丁堀の陰間遊
『色里三十三所むすこ順礼』
（天保期—1830頃）
「八丁堀代地堂。本尊、尻くらひくわんおん。くる人の袖引とめてすすめこみ飯はたかねどかまの上もの。線香代金壱分」とある。

谷八幡宮内。

とあり、陰間茶屋があった町が列挙されている。

神田行《ゆき》する御納所《おなつしょ》はせちがらし（桜9）

明和四年（一七六七）に作られた句である。寺の修行僧が性欲発散のために、人知れず神田花房町に通うのであるが、それを「せちがらし」と批判している句である。ここで商っていた陰間は、芳町や湯島に比べて品格が落ちると言われる。そこで、陰間買いをするならば一流の所へ行ったらどうか、と揶揄した訳である。

地《じ》蔵尻《ぞうじり》のあたりに陰間茶屋（八九32）

日本橋の八丁堀の掘割に架かっていたのが地蔵橋である。この地蔵橋の裏側の方に、陰間茶屋が存在していることを言う。そこでは肛交を専門に行うので、「尻」を持ち出した趣向である。

誰がどう行くか賑はふ花房町（桜12）

神田花房町は賑やかではなく、意外にひっそりとしているが、それでも生業しているのであるから、いったいどんな人々が陰間買いにゆくのかという、お節介的な感想である。湯島天神は、上野の寛永寺が近くにあるので、寛永寺の僧侶たちが顧客であると言われる。僧侶は女色は禁じられていたが、男色は大目に見られていた。

我が山の鐘で湯島のうき別れ（一二一32）

陰間茶屋で陰間とともに泊まった僧侶である。寝入り前に激しく歓を尽くし、ぐっすりと寝込んでいると、寛永寺の早朝の鐘が鳴り響く。いわゆる後朝《きぬぎぬ》の別れである。もう少し寝ていたいという事と、できればもう一交したいという要求が、この鐘の音によって遮断され、まさに若い僧侶にとっては「憂き別れ」なのである。

上野の裏門湯島の台にあり（一三〇4）

広大な境内のある上野の寛永寺は、その裏門が湯島天神社の所にあるという趣旨である。これは表の意味で、寛永寺の多くの僧侶たちが、湯島の陰間の後庭華を愛用しているということである。肛門を裏門に例えた趣向である。

『遊歴雑記』（文化十一―一八一四）には、麴町の陰間茶屋の衰退が述べられている。

　東武平川天満宮は麴町三町目、大横町の南二町余にあり。（略）社内の両側人形店の建集ひ、恰も浅草観音境内の店の如し。以前は男娼《かげま》の売色等ありて、一入賑やかなりしが、近年衰微して、今、土弓・軍書よみ、浄瑠璃のみなりけり。

当時、美少年の陰間を巡って、男同士の騒動がよく起こったという。風俗攪乱ということで、度々官禁に会い、廃絶に追い込まれることになる。『守貞漫稿』によれば、次のようにある。要点のみを引く。

天保（一八三〇年代）に至りても、芳町、湯島、芝神明前、八丁堀の代地、四ケ所也し。芳町には、菊岡、代地には福本と云家に、男色を養ひ、自家にも客を請じ、又同所にかけて、茶屋数戸ありて、是にも送りし也。

とあり、さらに幕末の実態について、

後考、男色三都ともに、天保官命後廃絶せしが、近頃聞くに、江戸湯島天神社地のみ密に再行する由。天保前、三都とも女粧なりしが、湯島再行の者は、女粧をなさず、美少年の男粧なりと云。

と、その伝聞を記録している。

湯嶋天神の陰間遊び
『色里三十三所むすこ順礼』
（天保期―1830頃）
「湯嶋山衆道院。本尊、尻から不動明王。ゆしまにも光るこがねの釜ありてほりに見へたるお寺さまたち。護摩代金壱分」とある。

2、陰間の茶屋入り

陰間についてのかなり早い情報は、『人倫訓蒙図彙』（元禄三―一六九〇）である。これまでと重複する箇所もあるが、煩瑣を厭わずに引用する。

野郎。狂言役者、男子を遊女屋の女をかかゆるごとくにかかへ置て、芸をしいれるなり。十四五になれば、それぞれに色つくり、芝居へいだし、芸よく名を取れば、我門口に大筆にて、誰が宿と名字をしるし、夜るは戸口に掛燈台に名を書付おくなり。いまだ舞台へいでぬはかげまといふ。他国をめぐるを飛子といふなり。

舞台子は、少し芝居の芸が上達して端役を演じる少年であり、陰間はまだ舞台を踏めず、陰に置いておく子のことであり、飛子は地方へ修行に行く子である。これ以外にも「新部子」と称されるものがあり、これは幼少で芸の至らない者のことである。

子供と呼ばれた男娼たちは、子供屋へ抱えられていたが、芝居町の子供たちは芝居の太夫の抱えである。『男色細見三の朝』（明和五―一七六八）には、

堺町、葺屋町、木挽町の子供は、みな太夫元の抱の分なれば、芝居へ出ず共、舞台子並なり。葭町以下宮地などは芝居へ出ても、本舞台にあらざるゆへ、皆々蔭子なり。

とあり、男娼としては舞台子がいちだんとランクが上位であった。

これらの陰間たちは、芝居の楽屋入りや陰間茶屋に呼ばれて行く場合、「金剛」というまわし男を供に連れて、編笠を被るのを通例とした。この「金剛」は俗に「野郎まわし」とも称され、現代でいうマネージャー役を勤め、かなりの実権を有していた。『華里通商考』異本（明和末期

一七七〇頃）に、

　治郎国。役者国共陰馬国トモ云。此国北国ニ相対シテ繁花ノ地ナリ。此国ノ人、若衆ニ似テ若衆ニ非ズ。野郎ニ似テ野郎ニ非ズ。前髪ヲ剃テ紫ノ帽子ヲ戴ク。（略）此国、多ク僧侶ノ遊観スルノ国ナリ。又カゲマ国ト云フ。此地ノ昼夜甚ダ短シ。日カゲルニ間ナシト云略語、白駒ノ過隙ノ意に叶ウナリ。又金尻《こんごう》（俗ニ、ヤロウマワシト云）ト云獣アリ。北国ノ妓夫ニ似タリ。治郎国ノ人甚ダ是ヲヲソル。今此国ノ王盛府公（役者佐野川市松ノ俳名、市松小紋ノ元祖女形也）ト云。音楽歌舞、万国ニ秀ヅ。土産、深編笠、輪帽子（前髪ノナキ処ヲサキテ江戸紫ノイロヲマス）、羽織（北国ノ袘《かいとり》ニ擬ス）。

と述べられ、吉原遊廓に勝るとも劣らぬ繁盛振りが窺える。若衆はみな頭に紫帽子を頂いて

陰間茶屋の前を通る『江戸男色細見菊の園』（明和元—1764）
提灯を持った男がまわし男である。夕方、茶屋へ呼ばれて歩行する陰間。

いること、客には僧侶が多いこと、「白駒の隙を過ぎる」と言われるくらいに瞬く間に時間が過ぎてしまうこと、「野郎まわし」の金剛は吉原遊廓の妓夫《ぎゆう》（客引き）に似ているが、その実権には一目置いていることなど、この陰間茶屋近辺の町の様子を伝えている。

また、『寛天見聞記』（天保頃―一八四〇頃）には、

芝居にて女形の役者は平日人数少く、御殿場の狂言、或は御姫様の行列抔には、女形多く入用なる時、此野郎を雇ひ、女形に遣ふなり。其時、野郎振袖を着し編笠をかぶり楽屋入する。天明の始まで有しと云。

とあり、編笠をかぶって出入りする様子を述べる。この楽屋入りに編笠をかぶる習俗が、茶屋へ呼ばれて行く道中にも行われ、陰間の茶屋入りは編笠をかぶるという実態に至った。

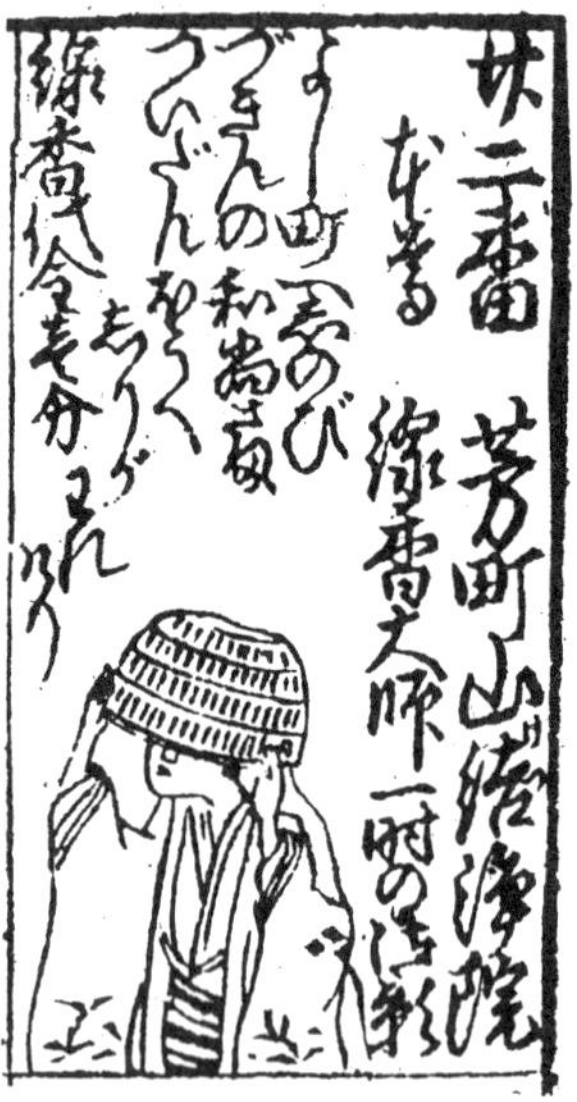

深編笠の陰間
『色里三十三所むすこ順礼』
（天保期―1830頃）
「芳町山結浄院。本尊、線香大師一時の御影。よし町へしのびづきんの和尚様ついだんほうへ尻がわれ。線香代金壱分なり」

陰間の茶屋までの道中『岡場遊廓考』（安政頃—1855頃）
「男倡道中之図」とある。編笠を手にして掲げている陰間と遊客の賑わいが分かる。

陰間の茶屋入り『風俗七遊談』
編笠を手で髷の上に掲げる。

よし丁の笠はよっぽど上を行き（露丸評明二信1）

若衆の髪は女髷であるから、編笠をすっぽりと被るわけには行かない。手で支えて髷を潰さないようにしながら、顔をも隠すのである。

よし町の笠は一寸空を行き（苔翁評明元大1）

これも同様な景を言う。振袖を長く垂らしたまま、両手で笠を支えて歩行する。これは陰間の通行の独特の姿態であった。

雨垂れは陰間の髱《たぼ》をすべり落ち（宝十二礼3）

雨天の日などには、髪が張り出ている結髪を編笠では覆い切れないので、雨雫が直接髱に落ちる。髪には油を塗っているから、水滴がすすっと滑り落ちるのである。

3、一切りは線香一本

陰間茶屋での遊興は、泊まりは別として、一切《ひとき》りをタイムリミットとしている。正確な時計の無い時代であるから、その計測は線香を立てて、それが燃え尽きることによって行った。線香の太さや長さは推測の域を出ないので、現在のどれくらいの時間か判然とはしないが、おおよそ四十分か六十分ぐらいではないかと思われる。『男色細見三の朝』に、一ト切といふは、江戸は金百疋、雑用共なり。

と記され、チョンの間（これは江戸語である）が一分（一両の四分の一）であることが分かる。続いて、芳町の項目に、

昼四切、夜四切、（但し、もの日は昼六切、夜六切也）仕舞二両二分、片仕舞一両一分、夜一両一分、外に小花一分ツツ。

とある。通常の日は、昼が「チョンの間」四回、夜も四回であり、丸一日買い切ると二両二分にもなり、半日では一両一分ということである。これは吉原遊廓の高級女郎なみであり、その高価さに驚かされる。並の盛り蕎麦が一杯十六文の定値段の頃に、「チョンの間」のショートタイムで一千文なのである。

線香台は、長方体の木箱の上に、線香を立てる十個の穴が穿たれており、それぞれの穴の側面に陰間の名が書かれている。これは『男色山路露』

陰間茶屋の線香立て『男色山路露』
箱の側面に陰間の名が記されている。手前にある通い帳には「花代」と読める。

の挿絵に描かれているので、その大略が分かる。この台は茶屋の帳場に置かれてあり、つけ廻しの男に連れられて陰間が二階へ上がると、線香に火が灯される。これが燃え尽きる頃に、「お迎いでござります」と茶屋の女または男が二階へ連絡する仕組みである。

　俗名へ立つ線香は生きて見へ（宝十三仁2）

　位牌の前に線香を立てるのが通例であるが、生きている陰間の名の所に立てる線香は、ここだけの仕組みであり、異様な感じがするということになる。

　よし町の時計も客にそふおふし（宝十三礼5）

「そふおふし」は「相応し」で、ふさわしいという趣旨である。客には僧侶が多いので、僧侶と線香の取り合わせは似合いであるという。

　線香のどらとはさすが和尚なり（安七宮3）

　これも線香を灯すという陰間遊びは、和尚に相応しいという合点である。階下の番台で線香を燻らせると、その香りが茶屋中に漂う。この線香の匂いがぱたりと止むと、それは時間切れとい

けんばん屋の線香台
『柳風狂句合』（嘉永六—1853）
「俗名へ線香たてるけんばん屋」

うことになる。

よし町は匂ひが止むと迎ひが来（明三天2）

「匂ひが止むと」というのは、線香が燃え尽きたという意味であり、これで一時の悦楽も終了になるのである。中には、嫌な客に対応しなければならない場合、陰間自身が意図的に策略を施すことがあったらしい。

陰間茶屋時斗の尻を折っぺしょり（四三24）

時間を短縮する唯一の方法として、線香の下端を折って短くする。それだけ燃える時間が少なくなるという寸法である。

女客が陰間を買う場合も同様で、線香の燃え尽きるまで堪能することになるが、女の欲望の壮絶さであろうか、

女客線香壱本《いっぽ》は蛇《じゃ》が蚊《か》で居《い》（明二義2）

という具合である。「蛇《じゃ》が蚊《か》を呑む」という

歌舞伎若衆との遊び
『逸題大和絵』（元禄期—1700年代）
男娼との取り組み。遣手の女が手に線香を灯して、時間を計っている。

俚諺があり、あまりに少しなので充足しないという意味である。一本が一分もする線香であるが、これ一本の時間ではまだまだ足りないのである。女客については別項で述べるが、閨房から遠ざかっている女たちは、連続して五六交は求めると言われる。

久しぶり芳町で後家五本立て（一四一34）

本当かどうかは不詳であるが、線香を五本も立てれば、時間的には半日以上であり、しかも金銭的には一両一分にもなる。この後家は、十回以上も要求したのではなかろうか。相手の陰間の疲労困憊ぶりが彷彿として来る。

九、陰間茶屋の客

1、僧侶

陰間茶屋の客の代表は僧侶である。『守貞漫稿』にも、

　男色の客は、士民もあれども僧侶を専らとするなり。

と記録されている。親鸞聖人の唱えた門徒宗は女色を容認しているが、これ以外の僧侶はすべて「女犯肉食」は厳禁であった。したがって、その捌け口としての男色は黙許されていたのである。

　また、僧侶の世界では、数百年前からの伝統があり、寺小姓たちを多く置いて男色に耽るのを通例としていた。この長年の風習があったことと、もし女色に耽溺したことが発覚すると、重罪に処せられた

僧侶と陰間との取り組み
『男色山路露』
「市によする恋」とある。後ろからの横取りである。僧侶「いのちのせんだく。うまいうまい」

からでもある。中には「大黒」と称される隠し妻を置いたり、「囲い」と称される妾を持ったり、医者に身をやつして遊廓へ通ったりした僧侶も多かったが、それは檀家からの収入も多く、金貸し業を営むほどに、生活が裕福であったからである。修行を重ねた僧侶でも、執拗な性の欲望には耐えきれない。危険な女遊びをするよりも、陰間を相手にするほうが手軽なのであった。

陰間茶屋に登楼した僧たちは、女の場合のように前戯を行ったのではないかという、想像句がある。

大だわけ陰間をくじる馬鹿和尚（葉末19）

女陰と違って肛門は探春できる箇所ではないが、自分の気分を出すために手技を施すのであるが、これは無理というものと、そんな噂を揶揄している句である。

莫大《ばくだい》の難儀《なんぎ》陰間に二本指（一二八48）

女の場合は、男が手弄する時に陰核を擦り、膣前庭を摩擦し、潤いが溢れて来ると、ほとんど決まったように二本指を挿入する。子宮口まで届かせることもあり、二本指を蠕動させて、残りの親指で陰核を揉みほぐすこともある。女はそれだけで快愉を覚え、陶然となることが多いが、そんな意識があるので、陰間にも二本指を遣うことを想像する。実際に行ったとしても、二本指の肛門への挿入は困難であろうから、それを「莫大の難儀」と捉えている。また、

僧侶との取り組み『女大楽宝開』

僧「さてさて、衆道はかくべつなものじゃ。くはへてひくやうな」

僧侶と陰間『百人一出拭紙箱』

肛交の典型的な後取り。

馬鹿和尚陰間に四つ目もちいてる（一一五11）

というのもある。閨房秘薬秘具の専門店は、両国の「四ツ目屋」が有名である。そこでは、「長命丸」「女悦丸」などの秘薬を商っていて、女ではない男娼にそれを塗ろうとしている僧侶を描いている。そんなことをしたってまったく効能はないのに、という心情が「馬鹿和尚」という揶揄なのであろう。

究極の前戯であるソワサンヌーフ（69）についても言及している。

心中に和尚陰間のけつを舐め（葉末5）

相手に対して真実の愛であることを示す動作が、「心中立て」である。男女間では、快楽追求を兼ねて、相互舐陰をすることは常道であったが、それを和尚と男娼に持ち出したところが面白い。この場合、舐陰といっても、明らかにアニリングスなのである。この場面を頭に思い描くだけでも凄絶であるが、まさに奇を衒った秀句であろう。

よし町は化けずに通ふ所也（宝十三仁1）

僧衣を着たままでも通える気軽さである。共に剃髪であるから、吉原などへ行く時には、医者ということにして出掛けるが、陰間茶屋にはそんな無理をしないでもよいのである。

立ちのまんまでよし町を和尚出る（安九礼3）

これは一儀を済ました帰途である。立ちのままの姿で、何にも身をやつすことは不用なのである。そして、檀家からの上がりは、遠慮なく陰間買いに費やす。

お鉢米《はちまい》和尚はみんな釜へ入れ（八六14）

集まった鉢米は、食料に資するために釜に入れて炊く。これで無事平穏なのである。が、この釜は竈に据えられた飯釜では無く、陰間の釜であり、その肛門へみんなたたき込むという意味である。

裏門は情《じょう》が薄いとげんが言い（末三26）

裏門は女の表門に対する後庭華である。女色を少しは経験した僧にとっては、男色の味気なさが痛感されるのである。ただ、性欲の発散という問題だけでなく、肌や肉付きや眼球の動きや、その他細かい動作の端々まで、男と女の色気はまったく異なる。それは女独特の女陰の匂いまでも含めて、男とは違った雰囲気がある。行為を終わった後も、しなだれ掛かるような女の情には、到底、男は敵わない。それを実感している僧にとっては、男色はどうも「情が薄い」と感じるのである。「げん」というのは、「げんさま」とも言い、僧侶を指す言葉である。山東京伝の『大尽舞考証』（享和四―一八〇四）に、坊さまをげんさまと云を、隠し詞には今もいふなり。……坊主をげんさまといふ事、好色旅日記三の巻、坊さま達四五人此宿に入ば、げんさん、てうさま、ゑんさまなどいひそやして云々。又むかし、医者は長羽織着たり。新竹斎などに、引ずりはをり長頭巾など云り。出家が医者と見せて長はをりきるもあるべし。只頭そりたる者と広く見てよけれ共、長羽織は医者の風、げんさまは坊主のことなり。

とあり、主に遊里で使われる通言であることを、見事に考証している。

僧正の買った若衆は極《ごく》が付き（明四礼11）

寺の僧の中でも、位の高い僧正ともなると金回りも十分なので、当世でいちばんの陰間と遊興するのである。「極」は最高級という意味である。単に、欲望の捌け口といっても、僧正という面子もあるし、並の男娼ではなく、容姿や遊芸に秀でた超一流の陰間を名指すことになる。陰間茶屋、または芳町と僧侶に関する柳句は膨大に詠まれ、この集句だけで一冊の本が出来上がるほどである。

仏縁が有りて陰間の繁昌さ（六七37）

まさに、陰間茶屋の隆盛は、ひとえに僧侶客によってもたらされたのである。

2、好き者の男たち

一般の男たちの中にも、男色をことのほかに好む者たちもいる。精神的な構造から、肛交に執着する者もいたであろうし、ただの快楽追求から珍奇な味わいを好む者もいたのであろう。

人は悪かれ我よかれ釜が好き（一二三72）

男色好きな男たちの心情を述べた句である。他人の思惑などはてんで気にせず、自分だけの趣向で肛交に耽るのである。相手が肛門の苦痛に悶えていようが、そんな事にはお構いなく、自分の悦楽だけを追い求める姿態を指摘している。

陰間客尻のしまいのつかぬもの（明四仁6）

陰間を買うことに精を出している男は、まことに始末が悪いということである。『日本永代蔵』（元禄元―一六八八）に、

野郎遊び、尻も結ばぬ糸のごとく……

とあり、「尻も結ばぬ糸」とか「尻が締まらぬ」とか

舞台子との取り組み『女大楽宝開』
男「きのゆくときは、なをかはいぞ」

「尻の仕舞いがつかぬ」という成語があった。物の締めくくりをせず始末が悪いという意味である。その尻を持ち出すことによって、陰間との肛交に掛けている。

屁《へ》を嗅《か》いで気を悪くする陰間好き（一〇二42）

当時、「気を悪くする」というのは、性的に興奮するという意味に使っている。そこで、屁の匂いを嗅ぐとすぐに肛交の快さが念頭に浮かび、むずむずと男根が硬直してくるのである。肛交には糞尿の匂いが付きまとうという実態を、暗示している句でもある。

さて、小咄本『大わらひ開の悦び　おどけ新はなし』（江戸末期）に、「若衆好《わかしゅずき》」として、

「コウ、貴公はとかく若衆が好きじゃが、ちと新町へもいかふじゃないか。また気がかはってよい」と、無理に新町の方へ同道しければ、肥買いが来ると、かの若衆好「新町へゆく事は、

陰間遊び『男色蛍火』（享保期—1720頃）
陰間が上位での肛交である。

陰間との座位『女大楽宝開』
陰間「やっぱり、ねてがよいはいな」男「きがかはって、よい、よい」

陰間遊び『風流御長枕』
役者で身を立てることが出来ず、三味線などの芸を見せながら、男色専門の生業となる。

もふいやになった。よしにせふ」と言いければ、連れの人「ソリャ、なぜ」「今の匂ひで、坂町が恋しくなった」

とある。この場合の「若衆好き」とは、男色が女色よりも好きな男ということで、常々陰間遊びをしているのである。友達が女郎買いに誘い、たまに気が変わってよいだろうと、連れ立って行くと、肥取りが肥桶を満杯にして担いで来るのとすれ違う。その糞尿の匂いを嗅いだので、その男は男色を思い起こし、陰間茶屋に行きたくなるという咄である。この話から推して、肛交とそれに纏わる匂いとは不可分であることがわかる。

男色好きの著名人として、平賀源内がいる。彼は『男色細見三の朝』（明和五―一七六八）を著したが、その序文に、

海参《なまこ》、蟹に向て曰、行が帰歟、帰が行歟、蟹答て曰、尻が頭歟、頭が尻歟、女郎好き、若衆をいやがり、若衆ずき、女郎をそしる。その論むかしより今に至て、勝もなく負もなく、

歌舞伎若衆との遊び
『逸題大和絵』

両道ならび行はれて、吉原にべら坊あれば、堺町にたはけを尽す。遊の品はかはれども、つまる所は粋も野夫も智者も愚者も、彼有頂天上の仏果を得ては、にうがにう、むちゃらくちゃら、心ここにあらざれば、行が帰歟、帰が行歟、尻が頭歟、頭が尻歟、たはひのなきこそ遊はよけれ。されども未此道の味ひを知らざる愚痴の衆生を導んと、江戸男色細見に京と浪花をくはえ三の朝と題して……

と、この書を世に問う趣旨を力説している。男色の醍醐味を讃え、その未経験者を「此道の味ひを知らざる愚痴の衆生」とまで侮っている。

そして、凡例の箇所では、

当顔見世より両芝居ともよき色子の多く出るは、芝居繁栄、わが男色再興の時節到来、世澆季に及といへ共、日月いまだ地に落ず、偏に祖師弘法大師の加護、文殊文利

陰間遊び『好色妹背河』（享保期―1720頃）

男「ほんの身よりかわいぞや」陰間「うそ斗（ばかり）いわんせ」

菩薩の知恵袋の再び開ける時なるべし。

と大ぶろしきを広げている。彼自身も当代の美童、芳沢国石を愛人として寵愛している。

芳町で打つはくすんだ手代なり（明四信2）

という句もあり、こつこつと勤めて手代にまでなった男であるが、このように風采も上がらず色黒で地味な男が、意外と陰間買いに精を出すことを言う。交際もあまり上手ではなく、むっつりとしているくすんだような男が、好き者であるという真実性を衝いている。

俺がよりづないと探る陰間買い（明四松6）

「づない」は、「途方もない」ということで、ここでは「並はずれ」という事である。肛交の真っ最中に、陰間の股に手を伸ばして男根を探り、「俺のものよりも大きい」と呟いている場面である。

さて、陰間の立場から、これらの男たちを眺めた記録がある。『諸遊芥子鹿子』の中の「思ひざまし」という一節である。

仲間（ちゅうげん）の陰間買い
『男色山路露』
舞台子に惚れて、三分の金子を貯めて、床入りの場面。舞台子「どうもうけられぬ」。仲間「おなさけ、おなさけ」。六寸ばかりの大物に、舞台子は逃げ腰の情景。

陰間を買う『閨中紀聞　枕文庫』二編

「頑童買之図（かげまかいのず）」とある。茶屋の二階での取り組み。

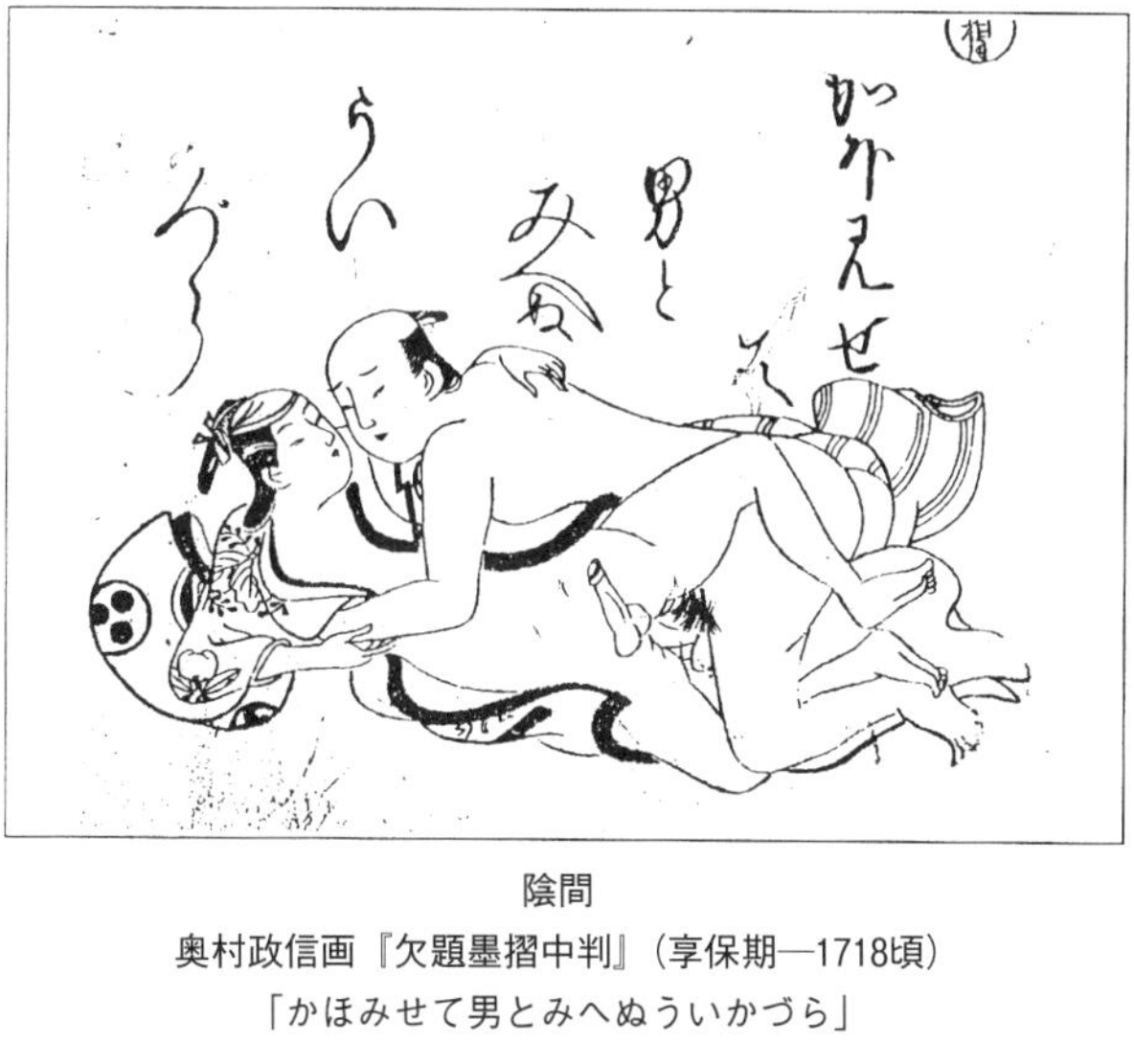

陰間

奥村政信画『欠題墨摺中判』（享保期―1718頃）

「かほみせて男とみへぬういかづら」

昔は座敷にても床にても、野郎の玉茎いきりたった時は、是をかなしみ、耳の中へこよりを入てせせり、まぎらかして玉茎のいかりをやめさせけるに、今はそれ程にたしなむ若衆もあらず。私はまことは四十三まで、振り袖にてつとめしが、其内にさまざまな事、うちあけてかたりませむ。相床に女と寝たる客ありて、其鼻息荒く、女すすり出してよがり声高く、是を聞いては野郎もつとめも忘れ果てて、玉茎のいかり強く、後の客のが前へ抜き通りはせぬかと、我ながらに興が醒めける。大尽も我を抱き締め、そちもよい気味かとの給ふ。此たはけ、どふも言はれず、女こそよがるものなれ、若衆はいくつになっても、心わるく、てんごうつくしをると、心でおかしきに、つとめて、わしもよい気味と言へば、大尽よろこび玉ふぞ鼻毛なれ。とりわけ、ろでんを抜かるる時は、がっはりとして扨《さて》もいやなる事、又くらぶべきもなし。

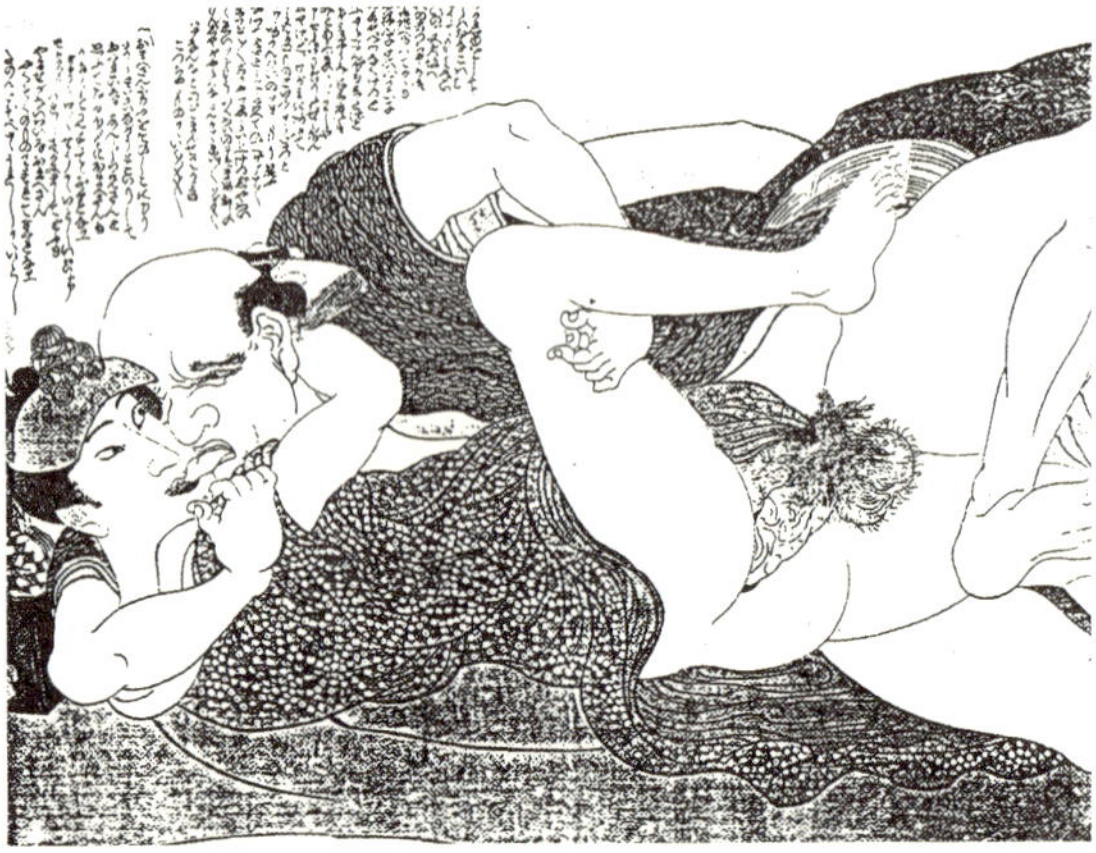

陰間遊び『逸題』(天保期—1840頃)

四十三歳までも振袖を着て、男娼を勤めた陰間の述懐である。「ろでん」は男根、「てんごう」

は手淫である。一つの部屋に、女郎を買った客と、自分を買った大尽とが床を並べた場面を述べている。交合を始めた女郎の方は、嬌声を上げてよがっているので、自分も誘発されて勃起してしまい、自分の肛門へ挿入している客の男根が突き通るのではないかと気を揉んでいると、大尽は「お前もいい気味か」と聞く。女は快感を感得するが、陰間はいくつになっても快感などは覚えず、気味の悪いものであり、快感を得るために独楽で間に合わせているのに、そんな事も知らない大馬鹿者めと内心に思う。しかし、相手の機嫌を損ねないように、「わしもよい気味」と答える。大尽はそれを聞いて喜んでいるので、まさに噴飯ものであると揶揄している。相手が射精をして、いざ終了ということで、肛門から男根を引き抜く時が、いちばん嫌であると言う。その後始末の難しさを言うのであろう。それまでは気を張って抜き差しに応じているが、

紫帽子の陰間との肛交
『百人一出拭紙箱』

「海蘿丸《かいらがん》」（布のり）を双方に塗って行えば、順当に入るという。「雪隠へ行き、淫水を全部下すべし。不精をすれば痔を患うものなり」とある。

抜かれる時のガスの加減や匂いに留意する億劫さを、「がっはりとして扨《さて》もいやなる事」と表現している。

御用達陰間をねだるには困り（安八義3）

「御用達」は幕府や諸侯への出入りの商人で、肩書をかさにきて権勢を揮ったと言われる。商品問屋から品物を仕入れて、諸侯に収めるが、その問屋へサービスの強要をすることもある。「吉原へいちど連れて行け」などと言うのは普通であるが、「芳町へ連れて行け」という要求である。問屋の連中も、陰間茶屋の勝手が不分明でもあるし、女郎買いよりも金嵩が張るので、困惑している実態を述べている。

生酔《なまえい》になって陰間を一度買い（傍三27）

潜在的に肛交を欲している男である。素面では陰間を買う勇気はないが、ある時、へべれけに酔った勢いで、陰間茶屋へ出掛けたのである。泥酔状態では、肛交の味わいなど全く識別できなかったのではないかと思われる。

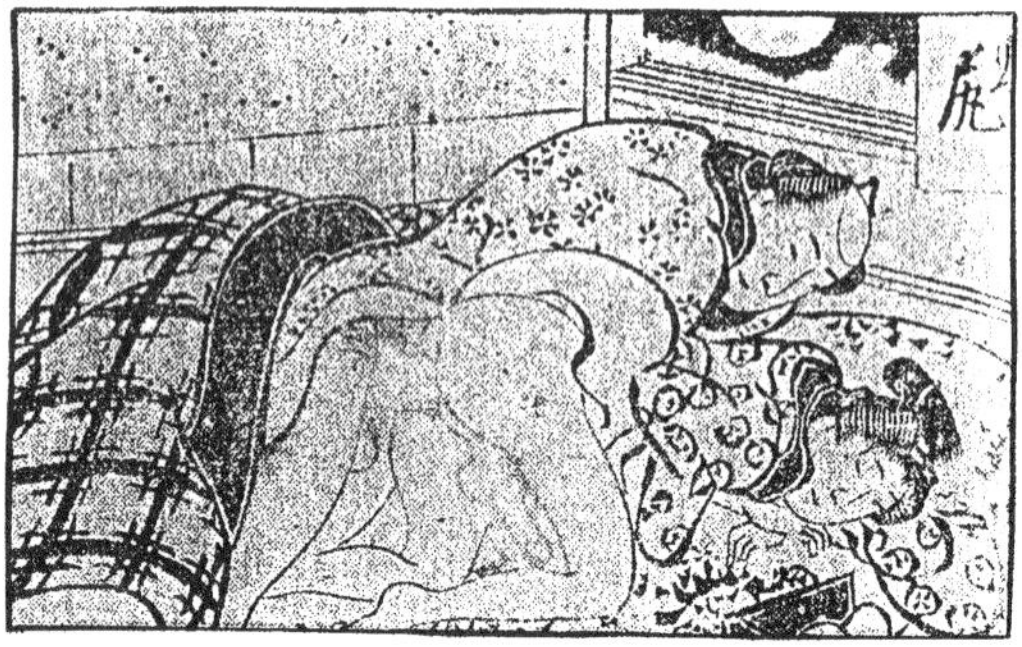

陰間遊び『貞喜睦笑画抄』（江戸末期）
花鳥風月に託して、「月（げつ）」を「尻（げつ）」としている。「月夜の興には開にまさるおもしろみがあるというが、情を通じて互に気をやる開とは比べものにはならぬ」

酔い覚めて見れば陰間を抱いて居る（傍四5）

これも酒の威勢を借りて、陰間買いを実践した男である。高い金銭を払って男娼と同衾しても、酔っぱらっていては、単なる無駄遣いになってしまう。

艶笑小咄『さしまくら』（安永二―一七七三）に、「陰間」と題して、

若衆好《わかしゆず》きの鳶者《とびのもの》、はじめて芳町《よしちよう》へゆき、座敷の内の長いに困り、床《とこ》いそぎ。されども「早く仕たい」とも口へ出されねば、分別して、「サァ、最う大屋へ預けやしょ」

とある。陰間茶屋では、陰間が来てから、三味線を弾いたり、拳遊びをしたり、盃事など、床入り前の所作事が行われる。そんな悠長な所作よりは、早く床入りしたいという男の心情を述べている。当時、長屋の大屋は店子《たなこ》に関するあらゆる監督の権限を有していたので、何か悶着が起こると、店子たちは大屋に頼んで即断即決してもらう。「若衆好きの鳶者」が、床急ぎの知恵として、長屋の生活習慣を言葉にした可笑しみである。

3、御殿女中

男との交渉を絶たれている大奥の女中たちは、上役の代参《だいさん》などで城外に出る機会があると、男との交合を陰間で間に合わせる。町の普通の男たちとでは、何かと後腐れが出来て厄介なので、金銭ですべて解決できる方法が最良であった。陰間茶屋でも心得ていて、男女両用の応対をする。

女たちの陰間遊び（上・下とも）
『欠題組物』（享保期―1718頃）

女へへのこ男へけつを売り（天二礼4）

「へのこ（陰茎）」「けつ」という直截な言葉を使って、両用であることを端的に述べる。

けつ御座《ござ》れへのこ御座れと売ってやり（天三満2）

これもまた、ダイレクトな趣向の句である。「御座れ」とは京談であり、陰間の出身が上方であることを暗示している。

女をばする男にはさせるなり（安八礼10）

言葉の上では上品ではあるが、内容はまったく同様で、陰間の立場からの能動性と受動性を述べて、読者の想像力を快く刺激する趣向である。

よしよし同じ技《わざ》ながらまへうしろ（安六義7）

「よしよし」という表現によって「芳町」を示唆している。交合という同じ行動であるが、前と後という行為の差異を面白く捉えている。

女たちは人目を気にしながら、ひっそりとやって来る。言葉も少なめにして、お忍びである。句にも、

芳町は女の声の低い所（明二義1）

女の声の低い芳町（武七5）

とある。次の句は、後家の場合とも解せられるが、初めて陰間を買う女である。

芳町で深く合わせた前を明け（安元義2）

御殿女中たちは、自慰はしていても男性経験は皆無の者が多かったから、欲望に苛《さいな》まれて、陰間茶屋に上がっても、誰にも触れさせたことの無い股間を露呈させることは、まさに羞恥の極みである。女の微妙な心理を衝いた佳句である。

数度の経験を積むと、もう積極的に性感を貪るようになる。いったん床にはいれば、常日頃の鬱憤を思い切り晴らすので、その情欲は凄まじいものがある。

御殿女中の老女と陰間『咲本色春駒』（安永三―1774）

芳町へ蛤が来て潮を吹き（五五12）

隠喩表現であるが、一読して了解される句である。「蜆」は幼女の性器、「蛤」は成人した女のそれ、「赤貝」は年増女のそれを言う隠語である。「蛤」と「潮吹き」は縁語の関係にあるが、この「潮」が単なる潮でない所が秀逸である。交合に際して絶快の時に、女陰から噴出する愛液淋漓《りんり》の状況を彷彿させている。

御代参《ごだいさん》若衆のもので喰い足らず（明七梅3）

神社仏閣への代参に来て、参詣はそこそこにして立ち去り、残りの時間を有効に使う奥女中である。豊満な情欲を満足させるには、経験の乏しい陰間では太刀打ちできない。

三幕《みまく》ほど見て来て御菜《ごさい》まあだかの（安三仁2）

これは芝居見物に託《かこ》つけて、陰間を買う御殿女

御殿女中の陰間遊び『新造日本閨中行躰記』（宝暦期—1750頃）

中である。「御菜」は長局で働く走り遣いの下男である。この御菜をお供にして芝居町へ来て、御菜だけが芝居小屋で観劇し、主人の御殿女中の方は陰間と熱戦を繰り広げるのである。御菜はもう頃合いはよしとばかりに、陰間茶屋に迎えに行くが、まだ取り組みが続行中という訳である。そして、

　御殿《ごてん》ほど後家《ごけ》は出さぬと陰間言い（天五松2）

という物凄い句がある。陰間を買う女は、長局の御殿女中と未亡人となった後家たちが主である。ともに男旱《ひでり》に喘《あえ》いで孤閨《こけい》を託《かこ》つ点は共通しているが、この両者を比較した陰間の言葉である。交合の悦楽に耽って愛液をふんだんに出すのは、後家よりも御殿女中の方が甚だしいと言う。滋養豊かな食事をし、男との会話さえもしていない御殿女中たちは、その鬱積の度合いが凄絶なのである。一片の真実を衝いていると思われる。

『諸遊芥子鹿子』には、女との交渉を述べた陰間の言葉が載っている。それによれば、

　野郎を女の買ふは、色ばかりにあらず。どふしても常々乏しきゆへ、女のあくまで、してくれるが重宝なり。其内、恋は早く醒めるものといへり。其わけは、顔は紅粉《こうふん》に彩《いろど》り、身には振袖を纏《まと》いながら、玉茎はかしら開けて、根太く、いきり立ちたる凄《すさ》まじさは、顔にね似ぬ持ち物と、びっくりするより、はや疎ましくなるものなり。されども精の強いが取りえなり。

とある。男旱の女たちは、常日頃交合の機会が乏しいので、いざ床入りになると積極的に女の

方から交合運動をしてくれるので気楽であるという。しかし、これらの女たちも、その場に遭遇し、実体験をすると陰間が疎ましくなることもある。それは、陰間は立居振舞いが優雅でなよなよとし、紅や白粉で化粧をし、優美な振袖を着てはいるが、その股間の男根の雁高さや太さを実見するからである。そのいきり立った男根の猛々しさは、優男の顔に似合わぬ奇怪なものと、度肝を抜かれて驚愕してしまうのである。だが、それらの女たちの性欲の強さは素晴らしい限りであると賞賛している。

御守殿《ごしゅでん》は陰間をえらい目に合わせ　（安九鶴2）

「えらい目に合わせ」るということは、閨《ねや》での一時《いっとき》に三交も四交も要求して、陰間を辟易《へきえき》させるのである。精液を数回も出した後では、

後家の男狂い『会本色好乃人式』（天明五―1785）
陰間茶屋での後家の遊び。若い陰間の上に茶臼型で乗っている後家に、後から肛交する別の陰間。

いくら商売とはいっても陰間の男根は萎え切って、もう硬直さえしなくなろう。それでも「もう一度、して給まえ」と執拗なのである。

芳町でありたけこたけ女中出し（天八宮2）

小太りの女は、俗に「お汁《つけ》だくさん」と言われる。滋養に富んだ食事を毎回摂っている御殿女中たちは、だいたいが小太りであり、しかも性的に飢渇状態にあるので、いざ交合に臨めば、溜まりに溜まった愛液を「ありたけこたけ」噴出させることになる。「ありたけこたけ」は、「ある限り、すべて、ありったけ」の意であり、透明なバルトリン氏腺液やスキーン氏腺液の先走り液から膣液から、白濁した子宮頸管液までを浸出させ、尻の下の布団をしとどに濡らすのである。

女の情欲の凄まじさについては、艶本にも描かれているが、ここでは『戯場眺望』巻上（幕末）を引く。「松」は男、「おすき」は女である。

松は腹の上へ乗ったなりにて、煙草を吸い付け、呑みながらそろそろ腰を使へば、おすきは前後をうしなふて、幾度も幾度も気を遣り続けるに、松も堪らず「それ行ヨ」と抱きつかれて、おすきはおもはず知らずはづみ切ったる声を上げ、「チェイ、どふしやうのう」と、心底魂神《たましい》に感通《かんつう》して止途《とめど》もなく精汁発《せいじゆうはつ》しければ、五体《からだ》は綿のごとくになり、「爪の先までしびれの切ったやうになりました」と額よりねばる汗を出して、暫く息を突きけるが、玉門の中はなかなか是にて十分と云ふもあらねば、頻《しき》りに子宮蚕《ひら》きていよいよ色情を動かしける。
倩々《つらつら》おもんみるに、男よりは女の淫欲《いんよく》に耽《ふけ》る事は、その情《じよう》最《いと》深《ふか》し。男は一旦その念の発《はっ》する時は、暫《しば》し保《たも》ち止むれども、女は更に止《とど》め得《え》がたく、一ト度発動《はつどう》せばその能程《よいほど》の限りを知らず。気が行《い》けば往《い》くほど益々貪《ますますむさぼ》るの心生ずるは、これ陰《いん》中の婬物《いんぶつ》にして、精汁《せいじゅう》の過《か》なるがゆへなり。

この本の作者の慧眼には、感心させられる。女は「気が行けば往くほど益々貪るの心生ずる」ものであり、それは男に比べて女の「精汁の過なるがゆへなり」と断言している。作者の実体験からの感慨であると思われる。さて、交合を貪り続ける御殿女中についても、川柳作者たちは、その性《さが》を短詩の中に凝縮させている。

申《さる》の刻《こく》無いと陰間は腰が抜け（安五桜3）

「申の刻」は、日暮れの七つ時で、現在の午後四時頃である。この申の刻が御殿の門限であるので、この時刻に近づくと御殿女中たちはそそくさと立ち去る。この刻限があるので、陰間は何とか勤まるのである。もしも、この刻限が無ければ、陰間は腰が抜けてしまうに違いないという諧謔である。

芳町の客は未《ひつじ》の下刻《げこく》立ち（安九宮2）

当時の一刻は、現在の二時間に相当するから、「未の刻」は午後一時から三時である。そこで陰間との交合に熱中していても、「申の刻」の門限に間に合うためには、二時半頃には茶屋を出ることになる。そして、

男をいたしめて平川へ入り
（傍四26）

という次第である。「男をいたしめて」という表現もまた凄い。陰間が悲鳴を上げるまで交合を強要して、事後は何喰わぬ顔をして、平川門へと入って行くのである。江戸城の大手門と竹橋の中間にある出入口が平川門であり、大奥の女たちは常にこの門から出入りしたものである。

御殿女中たちは、夜毎に張形を用いて自慰に耽ったとされるが、陰間の生の男根の味わいには及ばないであろう。句にも、

牛はものかはと陰間へ局《つぼね》言い
（安五梅2）

年増女の陰間遊び『艶色倭撫子』（江戸末期）
女「二のかわり、おまへの若衆すがたに恋こがれ、こよひあひまして思ひがはれました。今からかわいがってくださんせ。頼ぞへ」色子「町かたでたんと色事なさるで有ふ。わたしらふぜいになんのしんじつはござりますまい」

というのがある。張形は水牛の角から出来ているので、「牛」は張形の隠語である。陰間と一戦交えた時の、御殿女中の実感である。「生の男の味わいは素晴らしくて、張形なんか到底及びもつかないよ」という訳である。

芳町のあす張形の大味《おおあじ》さ（安四礼6）

男の性的な想像力は無限である。陰間を買って交合の旨みに酔い痴れた翌日、いつものように張形を出して独楽に耽るが、昨日の本物の味にはかなわないだろうと言うのである。自分の手や足を使って抜き差しをするのであり、本物のように緩急自在には行かず、また上半身の密着度も無く、そのものの温みや微妙なピク付きも無く、射精時の絶妙な律動も無く、まったく比較にならぬほどの「大味」なのである。

4、後家

俗言に「三十後家は立つが、四十後家は立たぬ」と言う。また、「二十後家は立つが、三十後家は立たぬ」という言い方もある。交合の愉楽を完全に知り得た女は、その欲望には勝てぬということである。したがって、亡き亭主との性の喜悦を共有した後家は、後腐れのない、金銭で片が付く陰間買いに出掛けることになる。

後家の性の貪り方の壮絶さは、『諸遊芥子鹿子』の陰間の述懐に描かれている。

女に買わるるも、後にはいやなるものなり。野郎買ふ程の女中のいたづら、其好開《すけべい》高で御推量有るべし。此前、都にありし時、四十四五の後家に買れしが、さりとはむごいめにあいぬ。座敷へ行くとすぐに床へ入て、夜あくるまでに、私も十一かとおぼへしが、読み落としも有べし。先様《さきさま》にはいくたびやら知らず。夜《よ》半《は》の鐘の鳴る時、曲を望み給ひ、あらゆる姿に乱れて、扨も女に飽き果てて、恐ろしきものに思ひけるゆへ、同じ鬢野郎に、舌ぶるいして語りければ、汝、女中客につとむる事、素人なり。何ほど先様より、押さへて強い給ふと、まま二つと祭をわたさぬ物也。それにては歯がゆがりて、たびたび呼ぶものなり。いつにても女中の、堪能する程にせぬものと教ゑぬ。

この述懐は真実性に溢れている。四十四五の脂の乗り切った女に買われた時の話で

老女の陰間狂い『房事選』（明和頃―1766頃）
「年こそよったれ、ぼぼのうるほひは、まだまだ」「もふ、どふもつづきませぬ。御ゆるし、御ゆるし」

ある。すぐに床入りをして交合をし始め、数の勘定のし忘れもあるが、夜明けまでに十一回以上も行ったという。後家の方は、数え切れぬぐらいに絶頂に至ったという。さらに夜半には、正常位以外の曲取りを望み、茶臼型、座位、後背位、横臥位、屈曲位など様々な交合体位を行って、女が快感に打ち震え、乱髪になって乱れる肢体を見て、陰間は「女に飽き果てて、恐ろしきものに思ひける」という次第である。

　現代の男性諸氏は、一晩に十一回も続くものであろうか。誇張はあるにしても、壮絶な年増女の情欲である。この陰間は、懲り懲りとした体験を同僚に語ったところ、未だ未だ男娼として未熟であると諭されたという。女に買われて、いくら無理強いしても、交合は精々二回が限度であり、普通は一回で止めておくのが手管である。女は食い足りないという不満を持つので、また買いにやって来るものであり、女が完全に堪能するほどに交

舞台子と後家『婦久阿修恋』（寛政二―1790）
舞台子二人と熱戦している後家。

合しないのが筋であると教えられたのである。

大釜は後ろの家へよく売れる（傍一49）

陰間は二十歳くらいになると、その盛りは過ぎてしまい、男の相手には売れなくなる。十代の前半の頃は、男でもなく女でもない中性的な魅力があるが、筋骨逞しくなると男色には不向きである。こういう薹《とう》の立った陰間は、女専門の男娼として使われる。

芳町で牛房を洗う女客（最破礼55）

江戸の末期からの俚諺に「据風呂で牛蒡を洗う」というのがあり、それを利かせた趣向である。これは交合に際して、広い女陰と小さな男根の対比を言う比喩である。交合に習熟している後家と、二十歳代の陰間との交渉を隠喩している。

さっぱりと諦めて後家買いに行き（安九礼2）

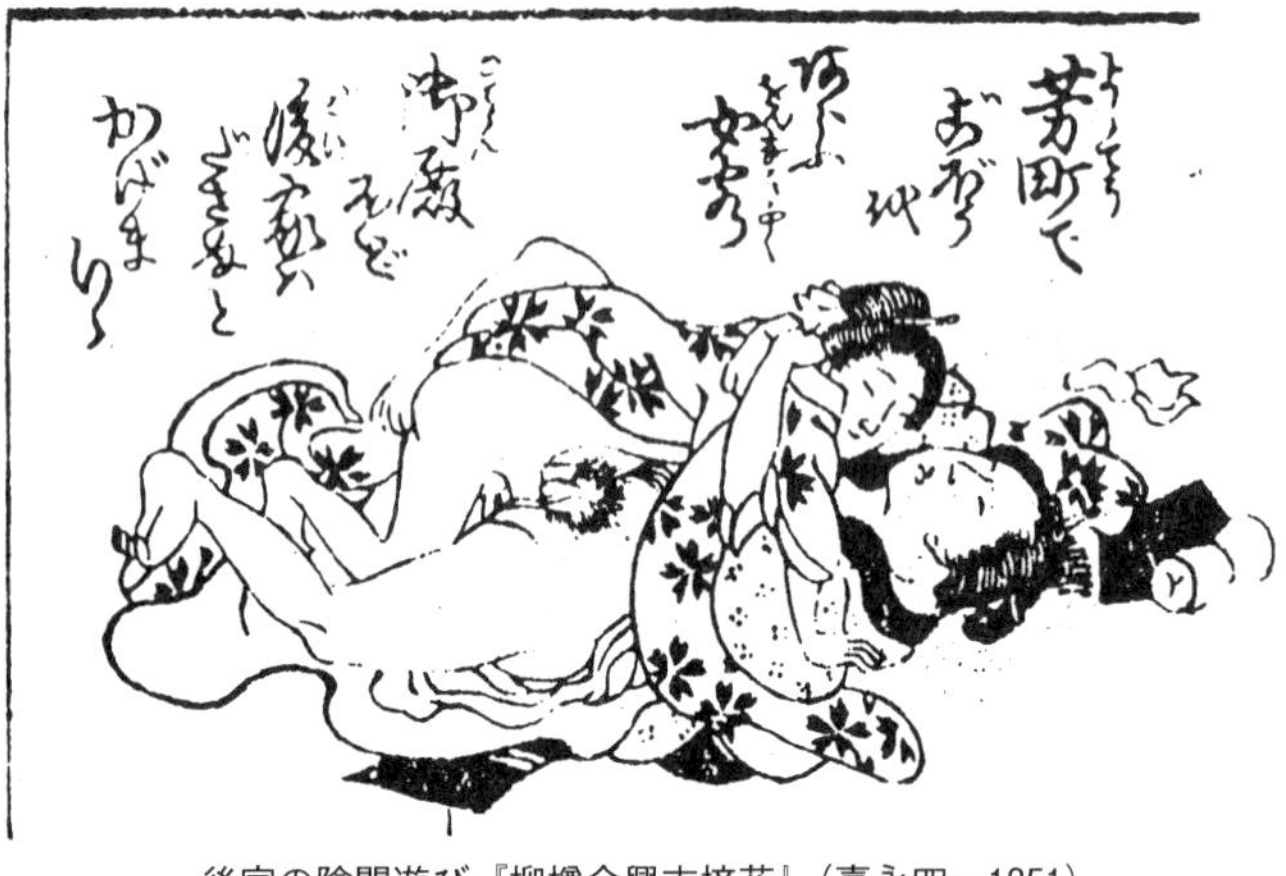

後家の陰間遊び『柳樽余興末摘花』（嘉永四—1851）
「芳町でごぼうをあらふ女客」「御殿ほど後家はださぬとかげまいい」

数年の孤閨の寂しさに耐えきれず、悶々としていたが、自分の沸々とたぎる欲望には打ち克てないと悟り、赤い信女の誓いも諦めて、陰間茶屋にやって来る後家である。そして、度々、陰間買いを経験すると、

地《じ》へのこが嫌《きら》いいけない後家になり　（天三梅2）

ということになる。言い寄って来そうな近所の男どもには見向きもせず、後腐れのない陰間買いに専念することになる。

もっぱらに衆道《しゅどう》へ通ふ太い後家　（傍二16）

素知らぬふりをして、ちょくちょくと陰間買いに通う。度胸も付いて、悠然と陰間茶屋へ線香を立てにくるが、その素振りが「太い後家」と他には映るのであろう。

後家の陰間遊び『すえつむ花』（明治期―1870）
女「あれあれ、もうもう、死にます。死にます。あれ、しんそ、可愛いのち。もっときつく上の方ヲを突きやよ。もっと上を、もっと上を、奥を、奥を、あれあれ、イイ、アア、モモ、いきます、いきます」陰間「こうか、こうか、広うなって、なにもわかりませぬ。アア」

てんつてんてんを聞き聞き後家よがり（安四鶴5）

芳町は芝居町のすぐ隣であるので、芝居の太鼓の音が響いて来る。いかにも伴奏のように、太鼓の音を聞きながら、交合の旨みを堪能する。後家が、陰間の抜き差しに酔い、性の愉楽に耽溺している様子がよく表れている。

古い釜買って後家蓋《ふた》おっかぶせ（一一五6）

「釜」と「蓋」は縁語である。二十歳過ぎの陰間を買い、曲取りとばかりに女上位で行う後家である。茶臼型の交合体位は、女が熟練していないと難しいが、この後家は充分に習熟し、しかも本手型とは異なる性感を求めていることになる。

もうもうお許しと陰間後家に言い（安六正25）

一度や二度では堪能せず、何回も強要するので、相手の陰間は疲労困憊して「もうもうお許し下され」と後家に懇願する。恐らく「それじゃァ、あと一度でいいわ」などと、後家は名残の一交を求めるのであろう。

地元の男との交渉も経験し、陰間買いにも精を出す後家にとっては、

地男はぢきに遣るよと後家抜かし（一二一乙33）

ということもある。女が快感を貪るためには、持続力の長い男が最適である。「陰間とは違って、地男はすぐに終わりになっちゃうから、つまんないよ」などと広言を吐いたので、それを聞いた地元の男どもは、まったく太い後家だと慨嘆したことであろう。

一〇、肛交の実際

1、小姓の場合

ここに『弘法大師一巻之書』という珍文献がある。古写本で伝承されて来たものであるが、表現も難解な部分もあり、意味不通の箇所もあるが、稚児との肛交の留意事項を述べている箇所がある。「尻突き様の事」である。一項ずつ列挙して、簡単な解説を加えることにする。便宜上、通し番号とする。

1、揚げ雲雀といふ仕様あり。是は雲雀のくわんげんをいふて、空に揚る如く、自然と入る痛まぬ仕様也。

「揚げ雲雀《ひばり》」という肛交のやり方を言うが、具体的には体位は不明である。「くわんげん」は管弦のことかと思われるが、管弦とすれば音楽を奏でることである。音楽に合わせて、雲雀が空を飛ぶ姿態を想像させるが、どんな体位か推測の域を出ない。後背位にして全身の力を抜かせて、そろそろと後から挿入するものと思われる。「自然と入る痛まぬ仕様」とあるので、潤滑剤を十分に塗布するのであろう。

2、尻をするにつづなき時は、梅を思ひ出し、切梅は常に用意持べし。

いざ、肛交という場に臨んだならば、唾が不足した時には、梅干しを思い出して、唾の分泌を豊富にせよと述べる。そして、「切梅」を常時携帯することを推奨している。

3、きゃたつ返しといふ仕様あり。是は児の二足を我肩の上に引かけ、前より突くなり。

「きゃたつ」は脚立で、木製の踏み台である。これを引っ繰り返したような体位であり、女色の屈曲位である。仰向きに寝た稚児の両足を、攻め手の両肩に揚げさせて、尻をかなり上位に引き上げて、男根を真上から真下に向けて挿入することになる。

4、逆落と云仕様あり。是は亀の尾より、そろそろと落し入る事、第一也。

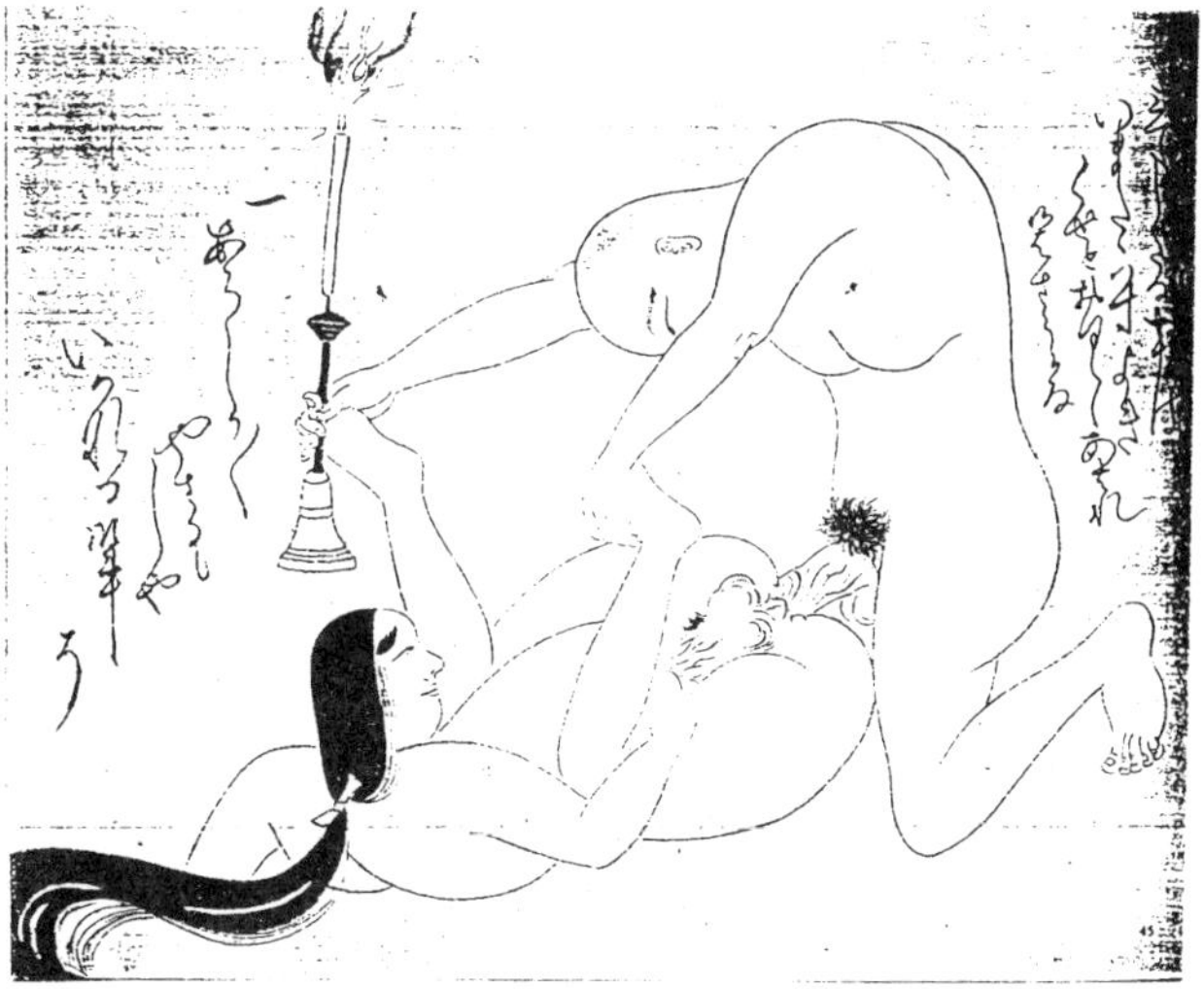

灯火を掲げて『雅子草紙絵詞』（鎌倉末期―1300年代）
僧「うまれてこのかた、見てしたる事はいまだ候わず。よき癖と思し候。あわれ、おわそうかな」童「あらしかじや、さに候いしや。いかなる御事と候ぞ」

「亀の尾」は尾骶骨である。前向位か後背位かは不明であるが、尾骨側からそろそろと挿入する法である。「落し入る事、第一也」とあるので、真下に入れる手法のようであるから、屈曲位に近い体位であろう。

5、夏ほりと云仕様あり。是は堀川に尻をつけて、ひらひらする軆也。小児の尻にても痛まぬ仕様也。

夏に川水に尻を浸して涼を取る姿態なのであろう。跨位（蹲踞・しゃがむ姿勢）で、尻を浮かしている姿態である。攻め手の腰の上を跨いでいる稚児に、下から突き上げて挿入するものと思われる。ちょうど排便の姿勢なので、稚児がいきめば、入り易いということである。

6、から込みといふ仕様有。是はつづを少ししめし、自然と入る也。大に痛む也。（西川流ノ男色絵ニカラコミニスル画アリ）

唾を付けて行えば、容易に入ると述べているが、「大に痛む」とある。「から込み」は絡込みのことかと推測するが、どんな体位かは不明。西川流の絵にあると記されているが、これもはっきりしない。

7、新はれ仕出、破穴といふ仕様あり。是は大なる閇をもち乍ら、少しもしめさず、ふっすとぶっ込む也。大に痛むなり。

「新はれ仕出」とは、経験皆無の初めての稚児の意味であろう。「破穴《はけつ》」とは、字の如く、突き入れ破るということで、強引に行うことである。「閇」は「へき」で男根のことである。湿すことなく、一気に嵌入するので、稚児の方は目が眩むような疼痛を覚える筈である。これに続いて、次の行がある。

日本衆道の開山、弘法大師より伝授致し、弓矢夢にも他見出外有敷者也。

これは、極秘であるから絶対に外に洩れないように注意せよ、とその鉄則を記録している。これに続いて、次のように三項目がある。

1、児の口細きが宜しく候、口広きは殊の外大尻にて御座候事有伝。

相手の稚児を外見から判断する極意である。口の小さい稚児は相応で、口が大きく広いのは、格別に大尻であって、旨みに乏しいということである。

2、色の少し赤きが宜しく、血なき尻は糞出申候。

少し赤みを帯びた肌の稚児が最適で、血の気の薄い稚児は、肛交に際して糞便が出やすいという伝授である。

3、顔のなりふりにて、尻は目前にて見、顔を一目見候へば、則ち其処しれ申候。

小姓との取り組み『女貞訓下所文庫』

「小姓の図」とある。主人「どふもかんにんがならぬ」小姓「はいりました」。男は小姓の艶姿に催情して、堪えきれずに一戦に及んだ所である。

顔つきの様子から、適不適を判定し、尻は目で見てから判定する。顔を一目見れば、たちどころに尻の様子の判断が付く、と述べている。

小生が所持している本書は、「近世庶民文化研究所」発行の活字版であるが、どの部分が古伝で、どの辺りが追加書き込みに相当するのかは、詳《つまび》らかではない。しかし、「右一巻は十五歳以下の御覧御無用なる書物なり」と注記がある所などは、いかにも真実らしい。序にある年号、慶長年間のはじめは江戸時代に入る直前であるが、詳読すると、明らかに江戸初期の語彙や風俗が混入されている。

次は、「馭門当悟《ぎょうもんとうご》」と題された箇所である。

一、是は取附て後、尻に閇の当る心地にて、大穴小穴糞毒尻を知る也。大小はそろそろと入は痛み振にて知るべし。小尻にて瓶の口に橙の如くならば入る可からず。中穴はそろそろと入るべし。作穴にぬくる事勿れ。出糞に驚く事勿れ。児をなかす事勿れ。鼻息を高くする事勿れ。糞毒に中る事勿れ。亀の尾の辺龍有て股の方冷たるは毒穴也、突く事勿れ。唄ふ事勿れ。是を背かば忽ちうんころの用立有るか慎んで悟るべし。

題名の「馭門当悟」とは、肛門を御する時に悟るべき事柄、ぐらいの意味である。先ず、挿入したら、その感じ方から、「大穴・小穴・糞毒尻」を判定することが必定であると言う。穴の大きい小さいは、そろそろと挿入して、相手の稚児の痛み具合の反応によって判断する。あまりにも小さくて、陶器の首の長い瓶の口に、橙の実を当てるように、到底侵入が不能であるならば、それ以上無理に入れてはならない。中穴の場合は、そろそろと奥まで入れてもよいが、強引に破穴のように突き入れてはいけない。糞便が出る場合があるが、それに慌ててはならない。稚児をわめかせるようなことに至らないように注意せよ。鼻息をことさらに高めて、下品にしてはならない。糞毒に当たらないように留意せよ。尾骶骨の辺りに凝りがあって、股倉が冷えているのは、毒がある証拠であるから、これには挿入しない方がよい。鼻唄交じりに高声を発するのも禁物である。これらの秘伝に違反すれば、たちまち「うんころ」の弊害に遭うので、慎んで考えることである。この「うんころ」は不明の語である。推測するに、不運に遭遇するということか、糞毒の被害を受けるということであろう。

この章で強調していることは、肛門の大小をよく見極めて、無理に挿入してはいけないということと、肛交には糞便が付きまとうことが多いが、それが通常であると諭していることである。

次に、「弘法大師奥の手の心得の事」という項があり、ここでも肛交の留意事項を数条にわたって纏めている。長年の密かなる体験の実績であると思われ、これも我が国の性愛文化の蓄積された一端である。便宜上、必要箇条のみを引き、通し番号とする。

1、尻をするに蒜の匂ひ有は糞毒と可知、左様なときは仕舞たる跡にて金玉を小便にて洗ふべし。

稚児と肛交をした時に、ニラやニンニクのような匂いがする場合があるが、これは糞毒であると認知すべきである。こういう場合は、事後に男根を己の小便でよく洗うことである。詳細は不明であるが、糞毒を特に警戒している。小便は無毒で成分も清浄であることを、当時も知っていたのである。

2、車海老と春菊を煮たる香するは、閇の為に薬と成て上穴也。幾日も不可洗。

さて、現代の知識をもってしても、この項は不詳である。「車海老と春菊を煮たる香」のする肛交は、男根のための薬効があり、絶品の肛門であると言う。その場合は、事後、数日間はそのままにして、洗い清めてはいけないとしている。

3、栗の花の匂するは驚く可からず。精水の匂ひ也。

これは現代にも通じる。女が、栗の満開の花の香りを嗅いで、「ああ、いい匂い」と言ってはならないという話を、どこかで読んだ記憶がある。

4、仙香穴は通和散を不用。

この「仙香穴」は不詳。線香のように細いということか、それとも非凡な香りのする穴ということか。そんな肛門には、潤滑剤は使う必要がないと言う。

5、大穴の、屋形の馬場に棹をふる様にあらば、から込たるべし。

肛門が大きく開き、広い馬場で棹を振っても差し支えがないようであるのは、ちょっと唾を付けただけで、十分に挿入出来る。

6、出糞尻と兼て知たらば、いかにも静かに腰を遣ひ急に押込可らず。

糞便が纏い付く肛門であると、以前から知っている時には、急に押し込むのは禁物であり、穏やかに腰を遣うことである。

7、毛尻をするには、ふのりを可用。毛柔らかに成て、毛擦り首尾の世話なし。

毛が多く生えている肛門の時には、「ふのり」を用いるべきである。毛が柔和になって、男根の毛擦りの怪我を負うことはない筈である。

8、糞出て、閇親雲《ばいきん》上下城の節は、紙にてよく拭ひ、其跡を焼酎にて洗ふべし。但し、親雲上下城といふは、頭に黄冠を戴たく故也。〔琉球ノ官位ノ名也〕

糞便が男根に付き、雁首辺りが黄色に染まったら、紙で清拭して、その後は焼酎で洗浄するのがよい。つまり、「親雲上下城」というのは、亀頭や雁首に黄色い冠のような暈が出来るための呼称である。これは琉球の官位の名称である。川柳にも、

鬱金《うこん》頭巾で裏門を出る和尚（新二十柳21）

と詠まれている。「鬱金」は鬱金色と言い、ショウガ科の植物のウコンの根茎で染めた、濃い鮮黄色である。これを「黄色な襟巻き」「黄錦の鉢巻」「黄巾」などと俗称している。

日常的な肛交の常習者は、男根の雁首が黄色に着色して、容易に落ちないと言われる。ここで「琉球の官位の名称」と言っているが、実は中国の後漢の盗賊団、黄巾の賊の目印から派生したという説が正しい。詳しくは、別項「黄色い襟巻き」を参照のこと。

9、破穴をしたる時は、そてつの葉の黒焼を附くべし。

初めての肛門を唾をも付けず、一気に嵌入した場合、稚児は痛みを覚えるので、事後に蘇鉄の葉を黒焼きにしたものを塗布するとよい。蘇鉄の実は食用になり、葉は編んで籠などを作る。当時の文献を調べたが、蘇鉄の薬効は不詳である。秘伝なのであろう。

10、つづなき時は梅干を思ふべし。又懐中して置くべし。

「尻突き様の事」の2と同様である。肛交の潤滑剤として、唾が手近で応急法として最適であることを言う。

11、塩魚を食ふたるときに、うがひせずしてつづを附る事勿れ。尻にしみて痛む也。

塩分についての注意である。塩魚を食べた直後は水でうがいをせずに、そのままの唾を相手の肛門に付けてはならぬと言う。塩けのある場合には、肛門にしみて痛感を覚えるからである。

12、九尻十二味といふ事有とも、是は空説也。実は十一尻十三味なり。然と雖も大門は十一には無理なり。但し、尻の穴は格別。

さて、この12項はいったい何であろうか。書写した人が、密かに己の体験を籠めて、感想を追加したもののように思える。秘密裡に肛交に適する肛門には九種あって、その味わいには十二の楽しみがあると言われる。しかし、これは

兄分と弟分『男色山路露』

「契り久しき恋」とある。色子にも優る器量良しの若衆に執心し、兄弟分となる。兄分「ひごろのねがひがはれました」

虚言である。実際には、肛門の種類は十一種もあり、その玄妙な旨みは十三もあると言う。この十三という数は、肛交の体位かとも思われる。俗に女陰には上品《じょうぼん》・中品《ちゅうぼん》・下品《げぼん》などというランクがあり、さらにこれを細分化している。人格とは無関係な、単なる即物的なランクではあるが、『全盛七婦玖腎《ぜんせいしちふくじん》』(安政七―一八六〇)では、「佳撰開十八品《かせんぼぼじゅうはちぼん》」として十八種の女陰を説明している。(詳しくは、拙著『江戸の艶本《えほん》と艶句《ばれく》を愉しむ』・三樹書房刊をご参看)。ともかく、数百年の蓄積がある男色の世界では、交接に関する肛門のランクに十一種があったと推測される。

2、念者同士の場合

肛交の実際について、それを詳述した文献はあまりない。渉猟し得る限りの資料を披瀝する。先ず、男色の啓蒙書と言われる『男色十寸鏡』である。その下巻に「若衆床入りの事」という一節がある。これは弟分の心得を説いた箇所であり、受け入れる側の作法である。

若道の床入りというは、床にいり給ひて、男の気をするさせ、平世《へいぜい》になるまでは、たがひに真向にしふして、わざとならぬはなし有べし。其咄も何がなと、ことうきたるやうな、木に竹をつぎたるがごとくの、そぐわぬ咄はつたなし。男おほかたせくものなれば、此はなししかけたまふうちに、心おちつくなり。其うちに、まくらもとに香などくゆらし給ふべし。わすれがたきやさしさなんめり。扨もやうやくしめやかになりたるとき、そとみづからの帯をとき給ふべし。

我つまを男にうちかけ、夜物《よるのもの》などおおい給ふべし。其とき男もやうやう帯をときぬべし。

男気ざしたるていにみえば、かくありて後肌をあはせて、水もらさじと、ひたひたといだき給へば、何ほどよはき男も、これにいさめられて、だきしめる也。此ときしっぽりとかかって、口をすはせ給ふべし。思ひにしづんだ男、今のうれしき心のうち、たとへんかたなかるべし。

この冒頭の部分は、しっくりと語らいをして、心の交流を大切にすべきであると説諭している。男のはやる気持ちを制御し、香などを枕元に焚き、ゆるゆるとした心情になってから、自分から進んで帯を解くのである。そして、水も漏らさじとばかりに、肌と肌を合わせ、固くきっちりと抱き合い、相手の男に口を吸わせる。男は感激して、その嬉しさは例えようもないほどである。さて、次の段階である。

此とき、野暮なる若衆は、とやかくとして、男の道具をにぎりてみたがる也。是ぎ

武士の兄分と弟分『女大楽宝開』

兄分「そちには大ぶんおしへることがある。おれがすること、いやといふまいぞや」弟分「どふなりと、なさりませ」

ゃうさんひけたる事なり。弓削道鏡はしらず、何程おほきなるとて、大かたしれたるもの也。若衆のうけやうにて、大分いれさせぬしかけも有事也。夢々いらひ給ふべからず。さて、男のきざしあらはるれば、よきじぶんに、いつとなくうしろむき給ふべし。我足のしたへなりたる足首を、男のかたえふみながし、上に成たる方を前えふみいだし給ふべし。かやうにあれば、男いれよくして、若衆のためもよし。

ここでは、男が兆して勃起したら、それを握ったりして触ってはいけないと説く。巨根として歴史上有名な弓削道鏡ならいざ知らず、どれくらい大きくとも高が知れていると言う。もしも巨大であっても、奥まで入れさせぬ技法もある。決して相手の男根を触ってはならない。そして、当方はおもむろに後ろ向きになり、両足のうち、下側の足首を男の方へ踏み伸ばし、もう一方の足は前方に踏み出すようにする。いわゆる互い違いの足の位置になる。こうすれば、男は挿入し易くなり、当方にとっても一気に奥まで入らぬので、好都合ということになる。さて、次の講釈である。

このしかけにては、後台谷《こうだい》深くなりて、男のだうぐをはさむ心あれば、あまり深いりせずして、しかも感精をもよほし侍る也。是若道の極秘、敦盛の一枚起請にみえたり。此門に入たまはば、先此通路《つうろ》をひらき給ふべし。夫、菊座のひだは、四十二重なりと、むかしよりいひつたへたり。

受ける方が後ろ向きに四つん這いになり、足を互い違いにするのは、臀裂の谷が深くなって、相手の男根を挟む具合になるので、あまり深く肛門内に入ることもなく、さらに男の興奮を促すことにもなる。この肛交の極意は、「平敦盛」が書いたと言われる一枚起請文に書かれている。男根が入りかけたならば、窄めることなく開くようにするのがよい。もともと菊座の襞は四十二襞であると、昔から言い伝えている。

とをりかねるは、其皮こはくしまりたるゆへに、いるるにきのどくなり。さいさい熱湯にて洗ひ柔らげて、練り木の汁を塗り、又は、蜜を塗りて通し侍れば、やはらぐなり。いらんとするとき、うちより張りかけ、すこし開くやうに気をはり給ふべし。やすらかに通る也。意気地第一の此道なるに、床え入りても、入れぬ先より肝《あせ》をかき、息荒くなり、入れると其まま前えいで、或は伸び上がり、枕定めず、顔を顰め、畳に食ひ付きなんどし給ふは、さたのかぎり、卑怯千万也。

うまく挿入できないのは、肛門の襞が強く締まっているためであり、入れる方の男がかえって迷惑である。そういう時には、何度も湯で局所を洗い柔らげて、練り木の汁や蜂蜜などの潤滑剤を塗って行うと、難なく入るものである。男根が肛門に入ろうとする時には、内側からいきむように張り掛け、少し肛門が開くように気を張るのがよい。そうすれば容易に入るものである。心意気が第一のこの道であるから、男根が入らぬ前から発汗したり、鼻息をことさら荒くしたり、入るにつれて逃げの姿勢で前へ出たり、伸び上がったり、頭をしきりに動かして顔を苦痛で顰め、畳にへばりつくなどするのは、若道として誠に嘆かわしく卑怯そのものである。

一応、受けるについての技法や手段についても言及しているが、単なる快楽を与えると言うよりは、兄分と弟分の契りとして、精神的な要素を多く強調している。弟分として許容するのであるから、少しくらいの苦痛には耐えなさいという説諭のようである。

この伝授は、時代的にも古いために、精神性が濃厚であるが、当然、肛交の訓練を受けた男娼の場合とは、異なっている。句に、

けつをされうんこが中へ這入るやう（葉末21）

という凄いものがある。排泄口から逆入して来るのであるから、これが真実の実感であろうか。また、される側ではなくて、する方の立場に立てば、

開いたら匂ひ出したり菊の花（新二二葉95）

ということになる。肛交の体位は、ほとんどが後背位で、受け手がうつ伏せで膝を付けた四つ這いである。する方の腹が、される方の背に触れる体位である。したがって、

水馬《すいば》と見へる男色の影法師（一三五29）

という型になる。馬を操って水に入ると、手綱を緩く持って、揺れ動く馬の背中で拍子を取り、腰を押すようにしながら進める。この時の馬が受け手であり、操っている乗り手が挿入して抽送する側に相当する。この後背位で肛交している姿態を、障子越しの影法師で見ると、まさに水馬のように見えるのである。

3、男娼との場合

色道指南書の『女大楽宝開』の一節である。

若衆の仕様は仰《あお》のけにして仕《す》るがよし。若衆はいやがる物也。其いやがる故《ゆえ》は、客不案内《ぶあんない》にて行う故也。此仕様は、初め後ろより入れ、肛門の潤《うるお》ふ時分、一トたび抜きて、両方ともによく拭《ふ》きて、夫《それ》より仰のけにして、又つけなをし入るれば、ぐっつりとはいる物なり。初めより仰のけてすれば、上へ滑《すべ》り、下へ滑り、思ふやうに入らざる故に、ひたもの唾を付け付け暇を入れる故、けつほとびてびりびりする故、怪我する事多し。それ故、一けんにては出来ぬ事なり。若衆の寝間にも、多く品有て、うらへ行くも有。是、若衆はたいの弱き物ゆへのこと也。かやうの若衆は、客の方に其心得すべし。うらへ行てすぐに挿せば、よく入れども、潤いなし。又しばらく待ちてすれば、肛門よく潤ひたるとき、初しるせしとをりおこなへば、よく入る物也。一儀仕舞ひ、後にてうらへ行くが大法也。客も、しばらくけつにてよくなやし、抜くべし。若衆の後始末よし。

この記述によれば、初めは後背位で挿入し、少し潤いが出て来た頃に抜去し、双方ともよく清拭して、それから若衆を仰向けにして入れると、ぐっと奥まで入ると言う。最初から若衆を仰向けにして肛交すると、男根が上や下に滑ってとまどうので、心急いて唾を付けながら行うために時間が経過して、肛門がふやけてしまって、傷つくことが多いと述べる。だから一度で奥まで嵌入しようとしてはいけない。事前に便所へ行く若衆もいるが、排便してからすぐに挿入すれば、容易に入るけれども潤いに乏しい。少し待ってから行うのがよい。一儀が終わってから便所に行くのが基本である。客の方も、射精後も肛門内に男根を留めて、よく萎えてから抜くのがよく、若衆の後始末もし易いと言う。
この書には挿絵も添えられている。その肛交図には、会話体の詞書きがある。その二三を紹介すると、向かい合って陰間を上に乗せている図には、

若衆「わしもいくわいなふ」
男「われらも、一どきにやるぞ」

とあり、僧侶が後背位で接している図には、

僧「女道《にょどう》とは違《ちが》ふて、しっくりとしてよい、よい」

とある。体位は、後背位が多く描かれているが、陰間が騎上位で行っているものもある。慣れれば種々の体位で肛交できることが分かる。
次に、艶本の『天の浮橋』（天保元―一八三〇）の、陰間と僧侶の場面である。少しは創意も入っているとは思うが、参考文献としては貴重である。芳町の陰間茶屋に登楼して、陰間との取り組みを描いている。「菊」は

男娼と客の取り組み
『女大楽宝開』

陰間、「長」は僧侶である。酒肴を食べ、拳などで遊んでいると、頃合いを見計らって茶屋の女どもが床を敷き、枕を二つ並べる。

そうゆううちに女ども床をとり屛風を立てかけ、あたまくら二つ並べて、下女「もしへ、おとこがまはりました」菊「ハイハイ、さあおやすよ」と立って行く。帯を解き上着の振り袖脱ぎ、屛風に掛け細帯にて、鼻紙とつうわさんを持ち、はしごをとんとんと降り、手水場へ行く。後で長老は帯を解き、一人寝枕にいまや遅しと待っている。子どもは、かのつうわさんを唾にて溶き、肛門の内へ塗り、手を洗い、しづしづと屛風の内へ入り、布団の上に座り、そっと寄り掛かり、菊「おふきによいました」長「はやくねなよ」と手を取れば、ころりと横になり抱きつき、菊「女郎と陰間では、どっちがよふありますへ」長「ソリヤ、陰間がよいのさ。ずっと入るとしつかと締めるあんばい、あらばちでもおよばぬ」菊「また嘘おつき。女郎はなじみになると、請け出して一生夫婦になる。陰間は年とると、おちんこも大きくなり、毛

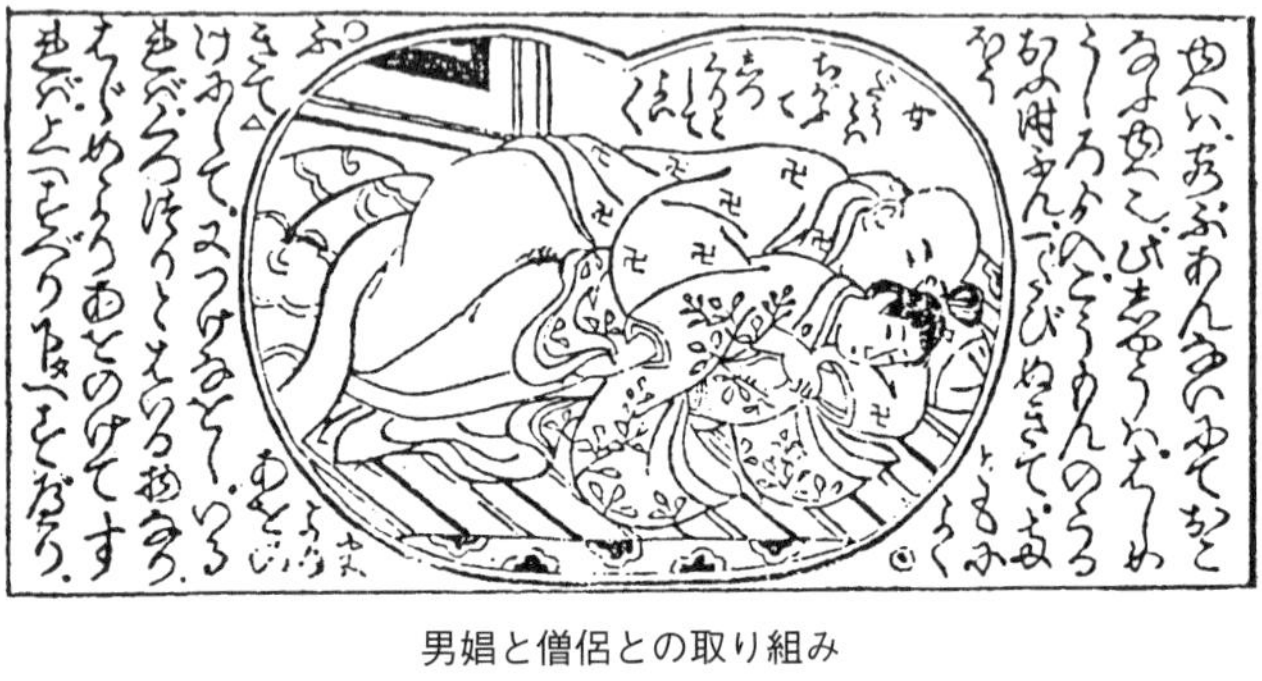

男娼と僧侶との取り組み
『女大楽宝開』

がはえて、尻が痛くなる。わづか四五年のあいだ、年あけてさむらいにでもならう。用部屋にでもなるのが、いいひきだ。さきをかんがへてみれば、心細いもので……（綿々と身の不遇を嘆く。長老は同情しながらも）長「マア、ねるがよい」と、すぐに足を割り込んで、引よせれば、手を出して一物を握り、そろそろとひねり廻すともしゃっきりと立つ。もはやたまりかね、上に乗り両足を割り込めば、手に唾を付け、一物のかりさきへくるりと塗り廻し、ぐっと尻を持ち上げ、肛門の口にも唾付けて、いちもつを握り当てがい、あおごしにうちかけ、締めつけるゆへ、ぐひと押し込めば、ひょろりとかりさき入ると、そろそろ腰を遣へば、しわりしわりと締める心地よさ、すかりすかりと遣えば、根までぐっと入る。下から持ちゃげるあんばいに、中々女のしろものより、格別締まっていい心もち、あなばちよりもよい事は、口許が締まるゆ

僧侶の陰間買い『天の浮橋』
坊主と陰間との一戦。陰間は足を高く上げ、屈曲位で肛交させている。

へ、じきに気がいきそうになるを休み、口を吸う。長「アア、かわいい」と抱き締める。長「モヲ、いきそうだよ」と又抱き締める。菊「わたしもいいこころもちだ」長「ソレソレ、もういくよ、いくよ」と、気を遣ってしまって、はっと息つき、抱きついてしばらくいる。紙を取り揉んで、そっと一物を抜き出し、元を握り引抜けば、よく拭いて横になり寝ていると、下からとんとんとんとはしごの音、こりゃ向かいかと思ふうち、案のごとく、下女「お二人様、おむかいでござります」長「アイヨ、すこしまたせておくれ」と、起きて支度にかかる。

さてさて、長い引用で恐縮であるが、芳町の陰間茶屋で男娼との「一切り」遊びの実態が明確に了解される。特に素晴らしい描写は無いが、受け手の方は、通和散をたっぷりと塗り、しかも肛門の内部にまで及ぶのは真実に近いと思われる。そして、直前には男根と自分の肛門に唾を付けて、実行ということになる。女陰とは違って、締まりがよいので、雁首への触感が快味なのである。快感を覚えて抜き差しすると根元まで入る。締まり具合に愉悦を感じて、絶頂を迎え、満足して射精をする次第である。肛交では後始末に留意すると言われるが、男根の根元をしっかりと紙で包んで抜くことになる。そして、素早く清拭するのがコツである。川柳にも、

いい和尚おねばを釜へ出すばかり（六七34）

とある。女色に精を出すのではなく、後庭華にのみ噴射していれば、世間体も悪くない。そこが「いい和尚」なのである。「おねば」は、煮え立った釜の外に溢れる米の粘汁のことで、女言

葉でもある。もちろん、ここでは精液の代名詞であり、釜が肛門の意であり、ともに縁語の関係となる。

さて、次は幕末の艶本の大作『通遥堪麁《つうぞくかんそ》軍談《ぐんだん》』十編の壮絶な描写である。これは瞥見する限りでの、肛交場面の類稀《たぐいまれ》な記述で、作意は濃厚ではあるが、これ以上の素晴らしいものは無いと思われる。女色にかけては色豪の「酔風」と、当代売れっ子随一の陰間、「小門」との取り組みである。これも長文であるが、味読するに価する。

さても酒屋《さかや》酔風《えいふう》は、おもひよらざる妻岡小門《つまおかこもん》が情深きもてなしに、たちまちに心うつりて、一物《いちもつ》くわっとおへ出《いだ》し、雁首《かりくび》ふくれて胴中《どうなか》ふとく、どっきどっきと動気《どうき》をうち、火のごとくにおへきったるへのこを、小門がやはらかき手にて、しかしか握りつめ、酔風があをむけに寝ている上へ振袖うちかけ、あまへるようにはらばいに、腹の上へ乗りかかり、すこしおき身に、一物を握ったままで、やわらかき尻の割目へあてがわすれば、酔風は是迄《これまで》に衆道《しゅどう》の手《しゅ》練《れん》をしらざりければ、只男色《ただなんしょく》は、後《うしろ》より若衆《わかしゅ》の尻をまくり上げ、ほったて尻をさせ置《おい》て、犯《ほる》事《こと》とのみ思ひしに、是《これ》は又格別にて、茶臼交《ちゃうすどり》のごとくにして、小門が上よりのぞますあんばい、その工合いふにいわれず。酔風は心をこめ、へのこのあたまへ気を入て、肛門のようすをうかがひ見るに、いつの間にやねやしけん、尻のわれめは一面に、ぬらぬらぬらぬらなめらかにて、鈴口《すずぐち》にしかしかさわる肛門の穴の口、菊座もずるずるぬめり廻り、いとやはらかくすべすべと、へのこのあたまをしゃぶるがごとく、実《げ》にや世上によくいふなる、陰門《ぼぼ》に四十八襞ありと、あながち女陰《じょいん》にさだめたるは、是大《これおおい》なるひがことならん。今目前《いまもくぜん》にへのこをもて、此《この》美少年の肛門の菊座を、くわしくうかがふに、へのこのかしらを入るにつけ、桔梗袋《ききようぶくろ》の口のごとく、太《ふと》みにしたがい襞のびて、穴ひろがるその工合をかんがふるに、つねにくくりてある時は、いかさま襞のあるをもて、菊の花形《かぎよう》に髣髴《さもに》たれば、金具の座ともろともに、菊座となづけしあるべし。

　されど菊座に表《ひよう》せしならば、十六襞といふべきを、四十八襞ありぞとは、世《よ》にいかなる禅門《ぜんもん》の、よくもかぞへしものなるよと、酔風心にはじめてさとり、又かくばかりぬらつくは、是《これ》聞及びし通和散とよびなせる、ぬめり薬《ぐすり》のぬらつきなるべし。さてもよくせしものならんと、猶《なお》もようすをうかがひながら、へのこをしだいにすすませれば、小門《こもん》も程よくあしらいながら、尻をぐっと押付《おしつけ》るひゃうしに、ぬるりと奥深く胴中過まで押込《おしこん》だり。

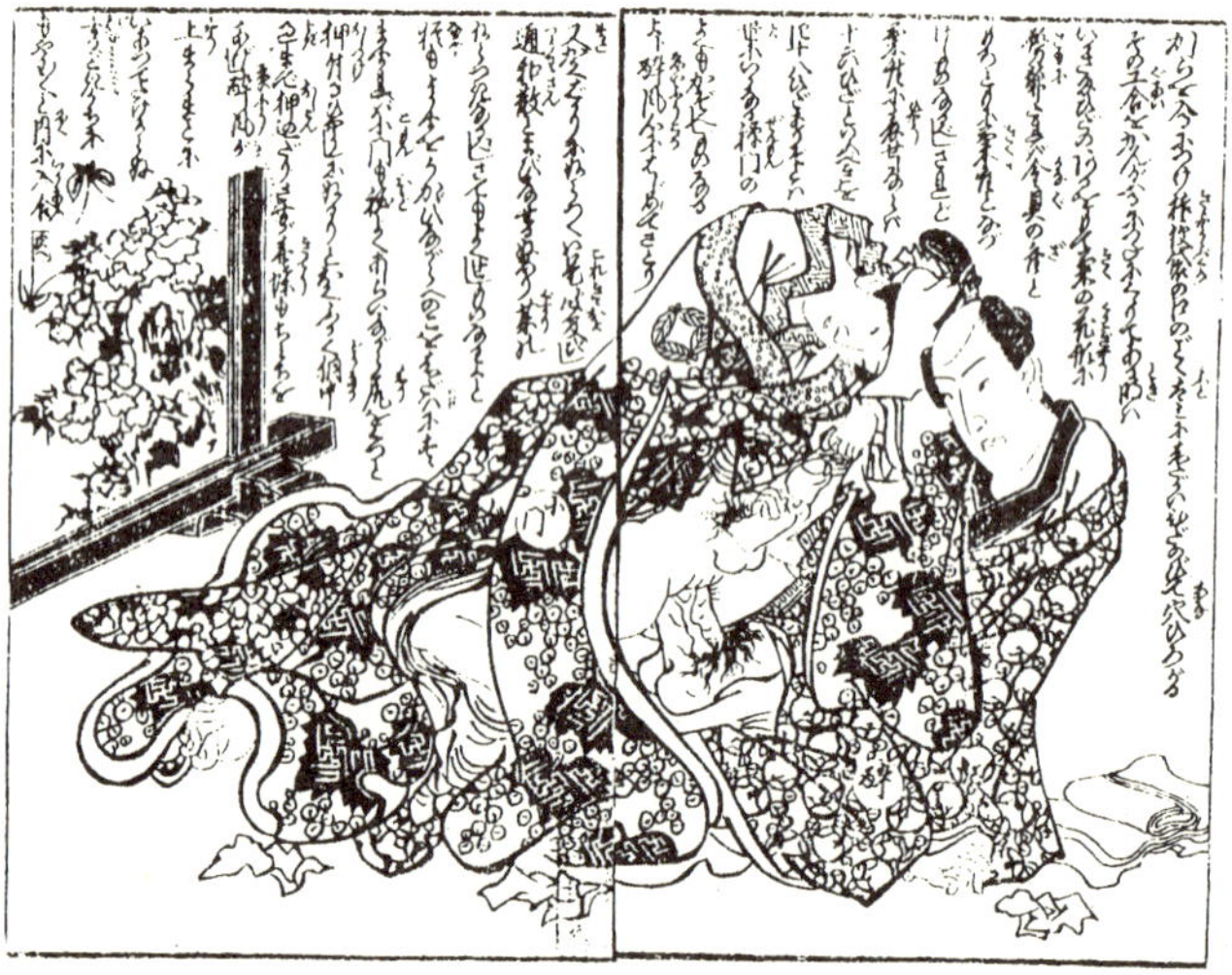

陰間との茶臼交『通遥堪亀軍談』

さすが喜蝶（註・女芸者の名）もちみちをあげし酔風が上《じよう》まら、まことにいあってたけからぬ、するどきうちにもやわやわと肉に入合麩《いりあうふ》まらの味《あじ》わひ、小門もうづうづ小気味よく、根迄《ねまで》ずっぷり入させるに、酔風も男色《なんしよく》は臍《ほぞ》の緒《お》きって今がはじめて、肛門の内肉《うちにく》にて、へのこをしこしこ喰〆《くいしめ》られ、めづらしければ、穴中《けっちゅう》のしかけをとくと考ふるに、穴の底にくくりめとおぼしき所あるといへども、子宮《こつぼ》のごとくかたからず、穴の上下《うえした》左右とも一面にやわらかき肉にて、へのこをしきりに〆《しめ》、抜き差しするたび胴中よりあたまへかけて一面に、ずべりずべりとしごくがごとく、ほっかりとして〆りよく、玉門《ぎよくもん》ほどにぐちゃつかねば、その味すこしく異《こと》にして、たとふるものなき無量《むりよう》の美快《うまみ》、菊座の口にて大まらの、根もとをすっぱり喰〆《くいしめ》たれば、出しいれせはしくするたびたび、惣身《そうみ》の淫水一時《いんすいいちどき》に、しごき出される心地《ここち》して、どうともかうともいはれぬきみよさに、さすがの酔風、さいぜんよりうつつのごとくに気をうばはれ、こは狐《けつね》にやつままれけん、世《よ》にかげまを買ふ和郎《わろ》は、いかに物好きなればとて、糞穴《くそあな》へへのこをおしこみ、きうくつな目《め》をさすのみならず、もとより逆《ぎやく》ゐんの穴なれば、よくもはいらず、あちこちつつき廻して、きやきやとあたら淫水をもらしかけ、尾籠《びろう》なる移《うつ》り香《が》の、へのこにや残りなんと、あくまでそしりしが、今かくばかりおさなきものの、いともちいさき尻の穴へ、我一物《わがいちもつ》の根もとまで快くおさまりて、かくまで美快《びかい》をきわむる穴とは、今の今までしらざりし。

ことに尾籠のかほりなんどは、ゆめゆめあらぬ清らかさに、此所《このところ》より彼通《かのつうじ》のあらんともおもはれずと、常癇癖《つねかんぺき》の酔風も、こころよく押し込み押し込み、鼻息せはしく小門を引寄せ、

陰間との茶臼交『通遥堪鹿軍談』

熟練した陰間の茶臼取り。普通は、後背位で行うが、その巧みさに男は感嘆する。

したたかに口を吸にぞ、小門も十分舌を出し、思ふままに吸はするにぞ、いよいよもって気がいきかかり、中にてへのこがどっきどき、動気《どうき》ひびいてあたたかなるに、小門もさきより気をもちて、まだむけやらぬすぼけの白《しろ》まら、木のごとくにおやしているを、酔風片手に握《にぎり》見《み》るに、ほっかりとあたたかく、是《これ》も動気をひびかせて、張《はり》きるようになりいるを、握りつめれば小門はたまらず、目を細くして鼻息あらく、猶《なお》も口を吸ながら、尻をすぼめてへのこの根もとを、しかしかくい〆《しめ》しごかれて、何かわもってたまるべき、穴の中にふやけたる、へのこをふかく突込み突込み、一度にどっと気を遣《や》って、惣身の淫水はじき出し、「フウフウフウ、ハアハアハア、ムムムムム、ハアハア」と、鼻息あらくしばしが内、淫水ありたけしぼりだし、しばし〆あいいたりしが、ホット溜息つきながら、心づきて小門の玉茎、握りつめたる手を見れば、是も一時《いつしょ》に気を遣りしと見へ、酔風が手のひらへ一面に、ぬらぬらとねばりぬらつく心の水、小門は手ばやく紙取出し、おのれが吐《と》淫《いん》で濡らしたる、酔風が手を紙にて握り、声をひそめ耳もとにて、「このやうな事、おまへ、人にいやせんかへ。人に言ふたら、わしゃきかんぞへ」「なにをそんなにきめつけるのだ」「あほらしい。なんじゃあらうと、いふたらきかんぞへ」と、紙で握って拭いて取り、又々《またまた》紙にて酔風が、一物《いちもつ》の根をしっかり握り、いかにもしづかにぬらぬらぬらと、へのこを尻より抜《ぬか》すれば、中へしみこみし淫水が、へのこに添ひてどろどろどろと、出《いず》る所を紙に受《うけ》、身をしりぞひて其ままに、すっぱりと拭いて取り、にっこり笑顔に酔風が、取り乱したる衣もんをつくろひ、其身《そのみ》もとりなりつくろひて、裏はしごより便所にいたり、尻の中に出《で》残《のこ》りたる淫水を、残りなくさらりと吐出《はきだ》しさっぱりと、しまつもきれいに事《こと》なれたり。

さて、いかがであろうか。さすがに、江戸末期の艶本の多作家、玉廼門笑山が描いた肛交場面であるだけに、語彙は豊富であり、擬声語を多用し、迫真の雰囲気を醸し出している。女色には長けた主人公が、初めて体験する舞台子との一儀である。挿入した時の肛門の様子を、「桔梗袋」に例えているが、これは前例がなく、秀逸と言わざるを得ない。桔梗袋とは、女児が携帯する、這入口を紐で締め、底は桔梗の花の形状に五角形になっている手提げ袋である。

さて、潤滑剤の通和散を塗布した肛門に入れてみると、「鈴口にしかしかさわる肛門の穴の口、菊座もずるずるぬめり廻り、いとやはらかくすべすべと、へのこのあたまをしゃぶるがごとく」という快味に感じ入る。男娼にとっては、上品の「麩まら」もあまり効果を発揮すべくもないと思われるが、それを根元までずっぷりと入れると、「肛門の内肉にて、へのこをしこしこ喰〆られ」、穴中の具合は「穴の底にくくりめとおぼしき所あるといへども、子宮のごとくかたからず、穴の上下左右とも一面にやわらかき肉にて、へのこをしきりに〆、抜き差しするたび胴中よりあたまへかけて一面に、ずべりずべりとしごくがごとく」「たとふるものなき無量の美快」であり、「大まらの、根もとをすっぱり喰〆たれば、出しいれせはしくするたびたび、惣身の淫水一時に、しごき出される心地して、どうともかうともいはれぬきみよさ」を実感する。男は、男根を扱かれるような旨味を覚え、全身がその快美感で疼くようになる。

そして、絶頂が訪れる。「へのこの根もとを、しかしかくい〆しごかれて、何かわもってたまるべき、穴の中にふやけたる、へのこをふかく突込み突込み、一度にどっと気を遣って、惣身の淫水はじき出し」と、ありたけの精液を噴出させる。

また、一般に言われるように、肛交に際しての臭気はなく、「尾籠のかほりなんどは、ゆめゆめあらぬ清らかさに、此所より彼通のあらんともおもはれず」と、舞台子の身だしなみの素晴らしさに感嘆している。句には、

搦手《からめて》は千早《ちはや》の城の匂ひがし（新十八風13）

というのがあり、通常は糞便の臭気が付きまとうようである。南北朝時代、千早城に籠もった楠木正成は、幕府側の大軍の寄せ手に、沸騰した糞尿を振り掛けたという奇策を用いたと伝えられている。まさに臭気芬々であったに違いない。

また、肛交体位は後背位が常であるが、ここでは「男色は、後より若衆の尻をまくり上げ、ほったて尻をさせ置て、犯事とのみ思ひしに、是は又格別にて、茶臼交のごとく」と、女上位の前向位で行っていることが、挿絵からもわかる。

其沙汰《そのさた》かってなしけつの茶臼取り（葉末19）

という句もあり、男色の体位の通念は、決まって後背位である。これまで男色の肛交で、茶臼取りというのは、聞いたことがないという意味である。しかし、男色の交合図には、男娼が上から乗って行っている図が多くある。この句の作者は、男色の経験者であり、己の体験上から、そう言っているものと推察される。さらに、

釜を買ふ茶釜茶臼で水こぼし（七二19）

という句もある。陰間との肛交に茶臼型で行い、存分に快美感に浸って射精をしたことを、そのものずばりと直截に述べている。体験を述べたものか否かは推測の域を出ないが、男娼との行為で、茶臼型も実際にあったことの例証になるかとも思われる。

4、黄色い襟巻き

1項で紹介した『弘法大師一巻之書』にあるように、肛交には糞便が付きまとうようである。受け手の腔内にある糞便が、男根に付着したり、または脱糞する場合もあったと思われる。その糞毒に侵されぬように、事後、焼酎で洗浄することが常道とされている。行為の最中に、ガスの噴出も予想されるが、それについては句に詠まれている。

その時は五臓にまよう陰間の屁（九四9）

「その時」というのは、肛交を行っている途中に、ということである。ガスが溜まっても出口は

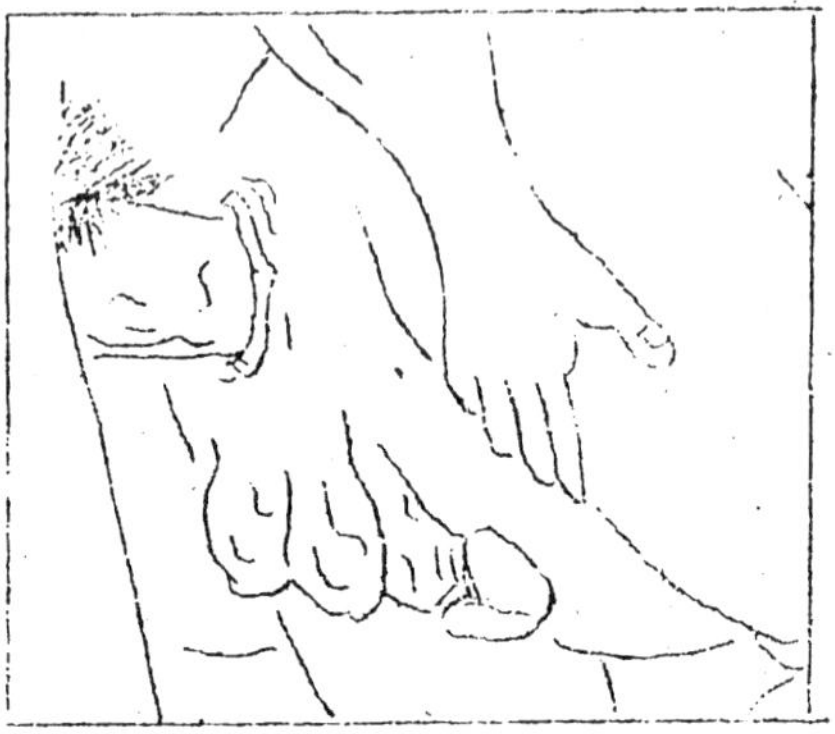

肛交の図『教訓秘伝之巻』（発刊未詳）

きっちりと塞がっているので、受け手の体内を経巡り、五臓六腑に停滞するであろうという想像である。

陰間の屁和尚一《ひと》まづほき出され（一〇五23）

これは、ガスが充満し、強烈なガス塊となって噴出されたために、悦楽に浸っていた和尚の男根が押し出されたという訳である。「一まづ」とあるから、その後慌てて再挿入したということであろう。

老僧無念屁と共に突き出され（一〇六6）

同じ状況ではあるが、老僧なので勃起力がおぼつかない。やっと硬直して、穴中に収めて抜き差しを始めたところ、不意のガス塊の噴出で吐き出されてしまった。咄嗟に興を失って、再度挿入しようとしたが、萎えてしまってうまく挿入できない。それが「老僧無念」なのである。

陰間の屁和尚提灯吹っ消され（新二十一葉98）

勃起力不全の男根は、「提灯」と俗称する。小田原提灯は携帯に便利なように、丸い竹に紙を張った胴が、蛇腹式に小さく折り畳める。蠟燭に火を点して、その蛇腹式の胴を上まで伸ばして携帯するが、歩くたびにその胴はゆらゆらと揺れて、高張提灯のように緊迫していない。いつもぶらぶらと揺れている所からの印象が、半立ちまらのようなのである。この和尚は、再度挿入できたか否かは不明であるが、「提灯」「吹っ消され」という縁語を使った趣向である。

艶笑小咄『さしまくら』に、「急用」と題して、

若衆をうつむけにして、根まで入れ、すかりすかりと腰をつかふ最中に、若衆が「もし、ちょっと、抜いてくんな」「もう、気がいきかかる、抜かれぬ」「どうも急に、おならが出ます。せつなくてなりませぬ」「それでも、最ういくから、こらへてくりやれ」といふ内に、兄ぶんが「フゥイ」と、おくびに出た。

とあり、挿絵が添えてある。行為の真っ最中には、こんな事態もあるだろうという、予想のもとに作られた笑話である。若衆のガスが兄分のゲップになったという可笑しみである。

『好色訓蒙図彙』の「衆道意気智界」の項で、衆道の上品《じょうぼん》（上豚《じょうとん》）と下品《げぼん》（下豚《げとん》）を述べた次

若衆との取り組み
『さしまくら』

の箇所に、

　所望の黄な物などをにぎらせて、やうやう雁首《かりくび》を望ますれば、連飛《れんとび》をかへさるる。あはたたしうひきぬいてみれば、露転《ろてん》が色ちかひしたり。これいとあきれはてて、つくづくとみれば、永平寺の東塔《とうどう》様に其ままにて、黄袈裟、黄衣をめして、威儀とくどくしくて、異響ふんふんたり。あたりに近づく悪霊なし。

とある。「黄な物」は黄金のことで、ここでは金銭、「連飛《れんとび》」は蓮の実が飛び出すように狭い所から吐き出されること、ここではガスの噴射と思われる。「露転」は男根。肛交に不適な肛門に挿入すると、ガスなどの跳ね返しもあり、そんな時に慌てて引き抜いて見ると、男根に着色があり、よくよく見ると「永平寺の東塔」そのままのようで、黄色な袈裟や黄色な衣を纏っているようで、その変わり果てた形相はまことに厳めしく、悪臭芬々として、驚き呆れるばかりである、と述べている。かなり象徴表現をしているが、出糞尻の下品の肛門で

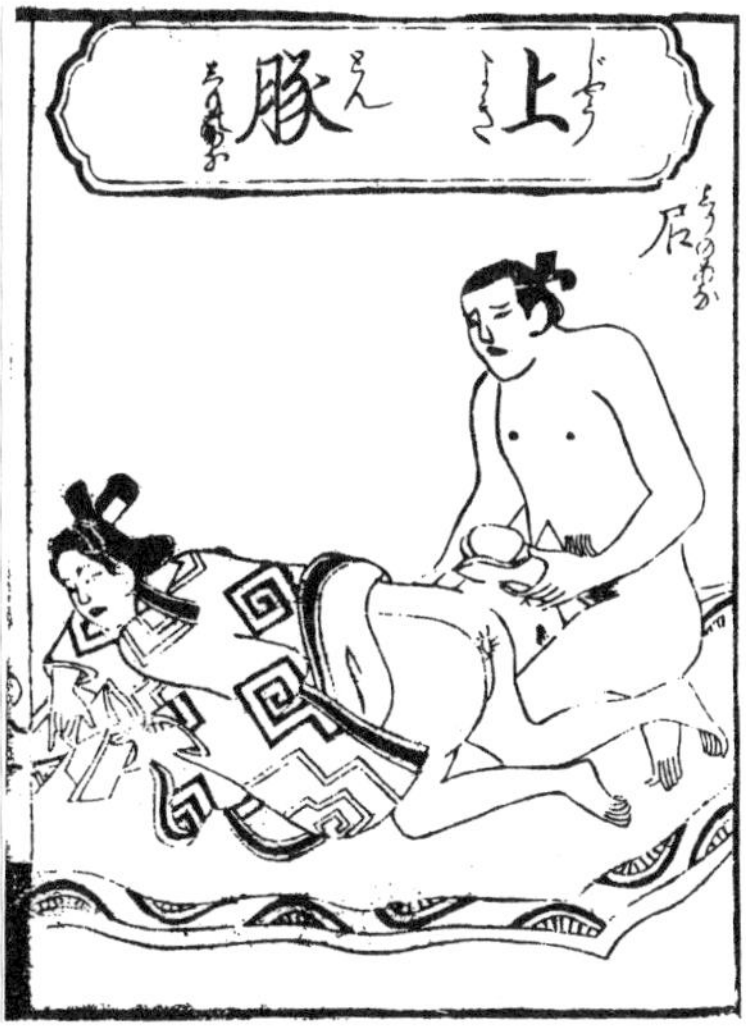

上豚（じょうとん）
『好色訓蒙図彙』
「しりのあな」とある。肛交に最適な肛門のことである。

は、現実の様相として、こんなこともあるという指摘である。
『弘法大師・巻之書』には、「糞出て、閅親雲《ばいきん》上下城の節は、紙にてよく拭ひ、其跡を焼酎にて洗ふべし。但し、親雲上下城といふは、頭に黄冠を戴たく故也」とあって、肛交事後、男根の頭部が糞便にまみれる場合があることを述べている。（一〇、肛交の実際。1、小姓の場合　を参照）これは、俗に「黄錦の鉢巻」「うこんの鉢巻（頭巾）」「黄巾《こうきん》の賊《ぞく》」「黄色な襟巻」などと称される。その由来は、中国の後漢の霊帝の頃（西暦一八四）、鉅鹿《きょろく》（現代の河北省）の張角を首領とする大軍の賊軍がいたが、この軍勢は黄色い布を頭に巻いていたので、「黄巾の賊」と言われたことによる。

亀頭部に付着した糞便は、洗浄すればその時は洗い落とせるが、黄色の色素が残り、男色常習者は、きまって亀頭部や雁首が黄色に染まって、輪を巻いたようになると言う。

下豚（げとん）
『好色訓蒙図彙』
後庭華を提供するが、肛交には不適な肛門のことである。

金色の出るまで和尚釜を掘り（俳風新十35）

中国の二十四孝の一人、郭巨《かくきょ》。母に孝養を尽くそうとするが、貧困であるために自分の子を地中に埋めようと決意し、地を三尺ばかりにして、黄金の釜を掘り当てたと言われる。その故事を踏まえているが、真意は、肛交で快楽を得ようと奥深くにまで嵌入する状態を述べている。

胡瓜《きゅうり》の溷漬穴《どぶづけけつ》をしたまらのやう（葉別7）

「溷漬」は「どぼ漬」とも言い、液汁を多めにした糠味噌漬である。そこに漬けた胡瓜の形状は、しわしわに萎びて濡れた糠の粒が点々と付着している。これを何と、肛交が終わって抜去した萎縮の男根に見立てている。凄絶と言うか、迫真のリアリズムと言うべきか、物凄い例えであり、その類似性の発見に驚嘆させられる。

　糞便が付き纏うという件について、『色道禁秘抄』には、

忌《い》む可《べ》きは、鉢巻《はちまき》とて、大便の茎頭《かりくび》に付て出る事あり。是《これ》を避《さ》くるには、茎《へのこ》を抜《ぬか》んと思ふ時、尻を強く抓《つね》る可《べ》し。いたむ故、思はず尻をしぼむ。其の時、抜き出せば、右、鉢巻の患《うれ》へなしとかや。

と、その対策が具体的に述べられている。

黄色な襟巻和尚様きつい好き（八五7）

日常的に肛交を行っている僧侶である。女色を経験していないがため、性欲の発散は、専一に男色だけであり、その一物は「黄色な襟巻」に濃厚に染まって行く。「きつい」という表現に凄味を感じる。

黄錦《こうきん》の鉢巻搦手《からめて》の法師《ほうし》武者《むしゃ》（二二八13）

戦国時代の僧兵の雰囲気である。黄色な鉢巻を締めて、城攻めの際に裏門から攻め入るという状況である。句の真意としては、「法師武者」で僧侶を表し、「搦手」で肛交を表し、「黄錦の鉢巻」で常習のために黄色な色素が環状に付着していることを暗示している。これとほぼ同じであるが、

うこんの鉢巻搦手の法師武者（一四九17）

というのもある。「うこん」は「うこん色」で、鮮やかな黄色を意味している。

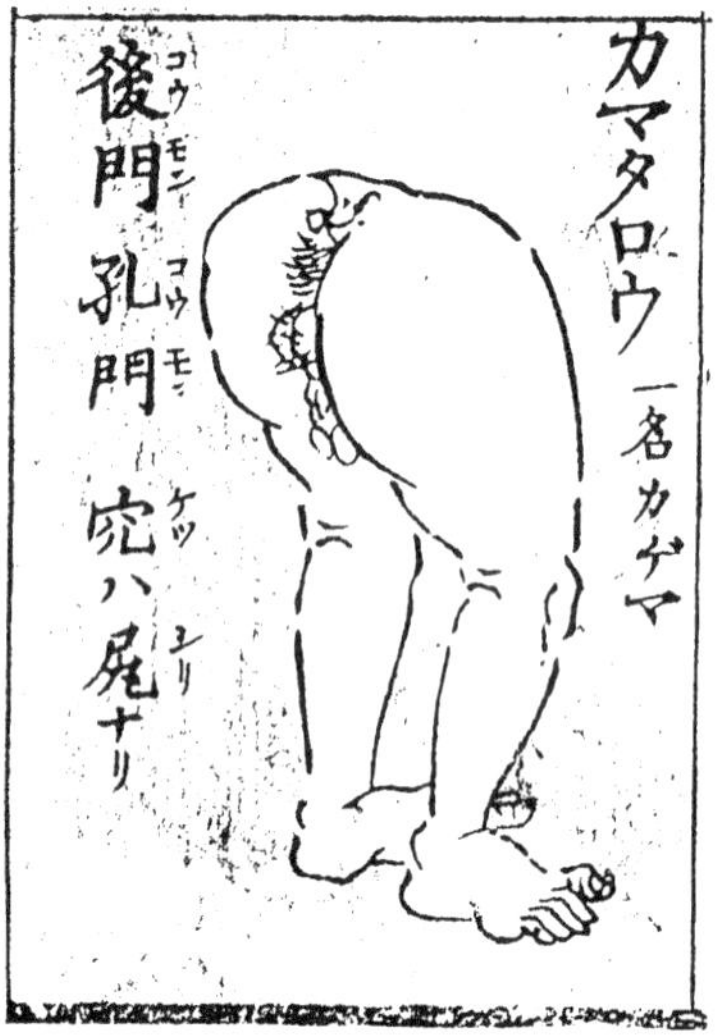

陰間の戯画
『偶言三歳智恵』（文政期—1820頃）
「カマタロウ　一名カゲマ。後門、孔門、穴ハ尻ナリ」

いい和尚屎《くそ》の輪袈裟《わげさ》を子に掛ける（葉末8）

「袈裟」は僧侶が着る衣装であり、「袈裟を子に掛ける」ということで、自分の息子が寺の跡取りとなったような表現になっている。ところが、袈裟は袈裟でも「屎の輪袈裟」であり、しかも「子」というのは、己の男根の異称である。女色には一切見向きもせずに、男色一点張りに行っている和尚は、まさに「いい和尚」ということになる。

ところで、珍しい文献を紹介するついでに、現代物であり、かつアメリカの文献で恐縮であるが、『A GIRL'S GUIDE』（一九二三）を引用する。これは、日本生活心理学会発行の「セイシン・レポート12」に掲載されたものである。その一節に、「男色、又は男子同性愛」がある。要点のみ引く。

こういう連中の中には、相手の尻の中へ射出した精液を、自分の手やときには口の中にまではき出させたり、又相手の手や口の中へおしっこやうんこまでして、それに異常な歓びを感じる奴がいる。彼らはしばしば、肛門から出たばかりの湯気の立つ陰茎を喜んでしゃぶったりする。入れるときピンクだった陰茎が、茶黄色になって締まりのいい孔から出るのを眺めるのが、肛門性交の愉しみの一つなんだね。だから、彼らの中には相手が通じにいきたくなったときに限って、遂情する者が大勢いる。そういう場合、彼らにいわせれば、陰茎が軟かい孔へぬめり込み、肛門を塞いでいる温かいプディングを押し除けながら、その中へ突っ込むのがかま掘り男色者の真の悦びだそうだ。そこで、肛門性交を始める前に、彼らは指で探りを入れて、卵があるか、直腸が塞がっているか、鳥が卵を産みそうかどうかを確かめる。（略）酔狂な妄想の産み出すありとあらゆる方法に身を委ねるのだ。その方法が淫猥であればある程、彼らの享受する快感も増すんだね。

倒錯的な世界を述べているが、肛交にはあらゆる要素があり、単に快楽だけの追求の結果、ここに至る場合もあり、この倒錯的な世界を理解しようとする場合もある。ここでは、排泄孔を使う交接であるために、糞便の洗礼が無縁ではないだろうという推測を、少しでも立証したいがために引用した。なるほど、こんなこともあるのか、という実感を持って頂ければ、それで十分である。

古川柳・都々逸・狂歌

松本光夫

江戸時代の川柳は普通に読んだだけではさっぱり意味がわかりません。裏側に当時の風俗や信仰、習慣などが隠されていて、それらに対する知識がないと、とても現代人には解釈できない奥深さがあります。昔の文学作品の中でも、文字数の制約のある韻文にはつきものの難しさがあるといえます。

そもそも、狭義の古川柳とは、江戸中期、柄井川柳《からいせんりゅう》が前句付として選んだ五・七・五の定型句で、彼が主宰した「万句合」という興行で人々が投句したもののうち、柄井川柳が三十三年間にふるいにかけたものを指します。十何万句とあるのですが、そのうち「万句合」として残っているのがおよそ八万句あります。その中からわかりやすい句を選んだのが、有名な『誹風柳多留』。また、破礼《バレ》句と呼ばれる艶笑的な句だけを集めたのが『誹風末摘花』となります。エッチなものだけは別に編んだのです。

広義の川柳となると、柄井川柳よりも前の時代に選者がいましたので、その分と柄井川柳が亡くなった後も、文化文政の世まで、彼の弟子が『柳多留』を編み続けて、『柳多留』は天保十一年まで百六十七冊が発行されました。その後、また、別の弟子が新しい『柳多留』を編んで、そこまで含めると、その数はおよそ二十万句ともなります。このように、おびただしい数の句が詠まれ、それらが残っていますが、これから将来、また、どこかからか、誰も知らなかった句集が発見される可能性もあります。

そのうち、「本降りになって出て行く雨宿り」「寝ていても団扇《うちわ》の動く親心」「母親はもったいないがだましよい」というような意味がわかる「通り句」は全体のほんの数割で、残りはみんなで解釈しあってなんとかわかるものから、全くわからない「難句」まであります。まだ未知の資料が見つかる可能性もあり、解釈が定まっていない、あるいは、どのような意味か理解できない句もたくさんあるので、研究のしがいのある分野だということができます。

もともと私が江戸文化に興味を持った入り口は、川柳ではなくて七・七・七・五の都々逸。こちらは江戸時代もずっと後期からのもので、天保年間以降、社会の統制が緩んで淫靡軽薄の風習が盛んになる一方、地方では、野暮ったいけれども民俗自然の声を反映した小唄や民謡が盛んに唄われるようになります。

たとえば、「三味《さみ》の糸さえ三筋に分《わか》る、おなご心の一すじに」、あるいは、「ためになる客一人で寝《ねか》し、欲をはなれて主のそば」、「潮来好《す》く様《よ》な浮気の主に、惚れた妾《わたし》が身の因果《いんが》」、こんな潮来節がありますが、このような地方の唄が江戸に入って流行し、これが都々逸のもとになったと言われています。

都々逸はもともとは寄席や座敷で演じられたものですが、義太夫節や長唄のさわりのところを小唄として詠んだもので、四畳半で男女がはす向かいになって三味線を弾きながら謡われる色っぽい情歌であることが多いのです。そうしているうちに、男女がいい雰囲気になっちゃうわけです。

そんなこともあって、都々逸は格式ばった書物では取り上げられることのない性関係を題材にしたものが多い。たとえば都々逸の場合、「舟の新造と娘の舟は誰も見たがる乗りたがる」というように、そのままズバリのものもあります。言うと野暮ですが、「娘の舟」というのは、形が似ているあそこのことです。ただ、川柳と比べると、二十六字ある分、都々逸のほうがわかりやすい。

川柳も「褻《け》」の世界を取り上げているものが多いことは都々逸と同じです。たとえば、「穴を出て穴に入るまで穴の世話」というように、単刀直入に性のことを詠んだものもありますが、こんな風にわかりやすいものは例外中の例外で、たった十七文字で表現するから、行間や裏に隠されたものを読みとらなければならないという難しさがあります。そこに都々逸にない面白さを感じて、毎月、渡辺先生がテーマをつくって川柳をよみあげて、その解釈を聞く「柳句会」に出入りするようになりました。

この「柳句会」は、先生が生徒に、「ここに意味が隠されている」「こんな時代背景がある」というように、注釈を加えながら、一句一句読み解く会でした。そうやって、江戸時代に対する知識を深めると、川柳を読むのが面白くなってくると同時に、江戸文化の奥深さもわかってくる。

みんなで集まってやる勉強会には、そのような効能があるのです。

また、もっと川柳を集団で学習するやり方として、一句に対して自分の解釈をつけて次の人に郵送し、それに対して賛成あるいは反対という意見と、関連の意見や類句をつけて次に郵送して、というような「輪講」があって、こちらは「柳句会」に比べると、格段に厳しい勉強方法ですが、渡辺先生はこちらでも川柳に対する理解を深められたようでした。

さきほど、川柳と都々逸を比較しましたが、江戸時代には、和歌を発展させた狂歌も流行しました。これは和歌と同じ五・七・五・七・七の三十一字を使って表現しますが、こちらは色事を詠むよりも、社会風刺や世評批判、はっきりとは名指ししませんが、当時の権力者を皮肉ったようなものが多いのです。あまりにも有名なものですが、「白河の清きに魚のすみかねて、もとの濁《にご》りの田沼こひしき」というようにです。

川柳、都々逸、狂歌の中では、川柳は日常を題材にしていますから、「粋な」とでもいいますか、機転のきいたものが多く、江戸っ子が少し意味をひねって詠んでいる。江戸っ子といっても、これらを詠んだのは長屋に住んでいるような庶民ではなく、旗本や武士、それに裕福で文字を勉強する余裕がある町人などが中心でした。彼らが文芸サロンを作ってわいわいやっていた。そんな江戸文化の奥深い世界を、渡辺先生が主宰する「柳句会」に参加して垣間見ることができました。

先生は長年の研究の蓄積を生かすべく、「江戸の商売」「食べ物」「寺子屋」「湯浴み」「化粧」など、対象別に古川柳を分類して、順番に江戸の風俗を現代に甦らせていきました。その中でも、下半身に関係する話は、川柳が少なからず「褻」の世界を扱っている以上、避けて通れない題材でした。先生は生前、「褻」の世界は「蕣露庵主人」、江戸川柳についての本は「渡辺信一郎」と分けて出版されていたようでしたが、取り上げたテーマの中でも、男色の世界は、それこそ、裏の裏まで読み取る能力がないと、とても句の内容も当時の社会風俗も理解できない。ですから、本書では、古川柳を援用しながら、当時の風俗に迫るという渡辺先生独特の手法の真骨頂が発揮されているといってもよいでしょう。

そっち系統の唄なら、都々逸でも「弘法大師が物知り顔で、色は匂えと教えた科《とが》で、今じゃこの世は色と酒」。こんな感じのものもありますが、男と男の話なら、古川柳のほうがたくさん残っています。それを料理しながら、江戸独特の文化を描写しています。

お元気な頃の渡辺先生は、屋内で閉じこもっているだけでなく「一目四方会」という江戸歩きの会も月一度開いていました。朝十時くらいに日本橋や浅草、深川といった場所に集まり、史跡といいますか、あちこちに残る石碑をお昼頃まで見て回る、そんな会です。江戸文化に造詣の深い方と街をめぐると、普段、見慣れた東京の様子がこうも異なってみえるのかと思いましたが、十年くらい前の八月、「俺、体の具合が悪いから」と仰られて、「一目四方会」はしばらくお休みということになりました。先生が亡くなられたのは、それから半年後のことでした。でも、その後、その散歩会は復活して毎月第一木曜日、先生を偲びながら続けているのです。

（平成二十五年七月、門下生）

本書は、『江戸の色道（上）・男色篇――性愛文化を繙く禁断の絵図と古川柳――』（蕣露庵主人著・平成八年十二月葉文館出版刊）を再編集した。

新潮選書

江戸《えど》の色道《しきどう》——古川柳《こせんりゅう》から覗《のぞ》く男色《だんしょく》の世界《せかい》

著　者……………… 渡辺信一郎《わたなべしんいちろう》

発　行……………… 2013年8月25日

発行者……………… 佐藤隆信
発行所……………… 株式会社新潮社
〒162-8711 東京都新宿区矢来町71
電話　編集部 03-3266-5411
読者係 03-3266-5111
http://www.shinchosha.co.jp
印刷所……………… 錦明印刷株式会社
製本所……………… 株式会社大進堂

乱丁・落丁本は、ご面倒ですが小社読者係宛お送り下さい。送料小社負担にてお取替えいたします。
価格はカバーに表示してあります。

ISBN978-4-10-603733-7 C0392

江戸のおトイレ　渡辺信一郎

今から150年以上前、江戸っ子はどんな風にシテいたのか？　リサイクル都市・江戸に住む庶民の〝排泄文化〟を、古川柳と珍しい絵図によって明らかにする。

《新潮選書》

江戸の閨房術　渡辺信一郎

「玉門品定め」から、前戯、交合、秘具・秘薬の使用法まで。色道の奥義を記した指南書をひもとき、当時の性愛文化を振り返る「江戸のハウ・ツー・セックス」。

《新潮選書》

江戸の性愛術　渡辺信一郎

「ぬか六（抜かずに六交）」「ふか七（拭かずに七交）」！　究極の快楽に到達する36の秘技とは？　遊女屋の主人による驚愕の書をわかりやすく解説。

《新潮選書》

日本人の愛した色　吉岡幸雄

藤鼠《ふじねずみ》、銀鼠《ぎんねず》、利休鼠《りきゅうねずみ》、鳩羽鼠《はとばねずみ》、深川鼠《ふかがわねずみ》、丼鼠《どぶねずみ》、源氏《げんじ》鼠《ねず》……。あなたが日本人なら違いがわかりますか？　化学染料以前の、伝統色の変遷を辿る「色の日本史」。

《新潮選書》

お殿様たちの出世
江戸幕府老中への道　山本博文

幕府の最高中枢を握った大名とは――その人選、任務、待遇には、幕政のエッセンスが詰め込まれていた。歴代老中全員の人事から見た画期的江戸政治通史。

《新潮選書》

手《て》妻《づま》のはなし
失われた日本の奇術　藤山新太郎

「水からくり」「縄抜け」「浮かれの蝶」「呑馬術」……日本には古来、奈良期の散楽を祖とする独自のマジックがあった！　唯一の継承者が語る伝統文化史。

《新潮選書》